MEDICINA *de* ÁNGELES

Medicina de Ángeles

Cómo Sanar el Alma y el Cuerpo con Ayuda de los Ángeles

Dra. Doreen Virtue

GRUPO EDITORIAL TOMO
S.A. DE C.V.

1a. edición, septiembre 2005.

Nicolás San Juan 1043, Col. Del Valle
03100 México, D.F.
Tels. 5575-6615, 5575-8701 y 5575-0186
Fax. 5575-6695
http://www.grupotomo.com.mx
ISBN: 970-775-160-6
Miembro de la Cámara Nacional
de la Industria Editorial No 2961

Traducción: Ivonne Saíd Marínez
Diseño de portada: Trilce Romero
Formación tipográfica: Consuelo Rutiaga C.
Supervisor de producción: Leonardo Figueroa

Impreso en México - *Printed in Mexico*

Bendiciones y agradecimiento para...

Steven Farmer, George Kelaiditis, Charitini Christakou, Konstantinos, el Dr. Polichronis ("Chronis") Mada, Andres Kannelopoulos, Reid Tracy, Jill Kramer, Julie Davison, Anne Yvonne Gilbert, Leon Nacson, Kristen McCarthy, Rachelle Charman, Rhett Nacson, Eli Nacson, James Van Praagh, Jo Lal, Michelle Pilley, Megan Slyfield, Emma Collins, Bill Christy, Judith Lukomski, Charles Schenk, Grant Schenk, Betsy Brown, Lynnette Brown, y a toda la gente que me permitió publicar en este libro sus historias de sanación con ayuda de los ángeles.

ÍNDICE

INTRODUCCIÓN

Medicina de Ángeles

Empecé a escribir este libro mientras observaba la *caldera*, el cráter volcánico bañado por el mar de la isla Santorín (también conocida como *Thera*), en Grecia. Santorín tiene un significado especial para mí, por el título de este libro y por ti, lector. La razón, mucha gente cree que Santorín es la porción de tierra que queda del continente perdido de la Atlántida. En esa isla se encuentran las ruinas de uno de los muchos templos de sanación de la Atlántida, junto con todas sus energías místicas y tradiciones. Es el sitio perfecto para escribir sobre sanación, pues aquí viví hace millones de años... y quizá tú también.

Con la tremenda explosión que hundió a la Atlántida, también desapareció gran parte de los conocimientos avanzados y la sabiduría de su pueblo. Por eso, en la primera sección del libro, se relata parte de los antiguos conocimientos de sanación que practicaba el mágico pueblo atlante, así como los secretos sobre sanación que me confiaron los ángeles de la Atlántida. En las segunda y tercera partes, se presentan historias y métodos que puedes poner en práctica para sanarte y sanar a otros; asimismo, se incluyen estudios científicos que corroboran dichos conocimientos antiguos de sanación.

ÁNGELES SANADORES

Los ángeles son seres celestiales sin ego, lo que significa que no emiten juicios y son bondadosos. Nuestros seres queridos difuntos realizan funciones angelicales; sin embargo, técnicamente se llaman "guías espirituales".

Como clarividente de toda la vida, sé que a cada persona la acompañan dos ángeles guardianes y un guía espiritual, cuando menos. Es obvio que no todos escuchan a sus ángeles, de lo contrario no habría crueldad ni autodestrucción en el mundo. No obstante, una vez que estás preparado para escucharlos y hablar con ellos, los ángeles están allí.

Los ángeles no tienen dimensión, forman parte de la vida de escépticos, ateos y creyentes, acompañan a la gente cruel y a los buenos samaritanos. Están con nosotros para poner en práctica el plan de paz de Dios. Aunque somos los responsables de nuestras acciones, los ángeles nos ayudan a elegir el plan de acción más eficaz.

A pesar de que el dolor y la lucha nos sirven para desarrollarnos, la paz nos hace crecer aún más rápido. Los ángeles nos asisten gustosos en cualquier cosa —no importa si es grande o pequeña— que nos ayude a ser pacíficos. Sin embargo, es preciso que pidamos su ayuda para que se les permita intervenir, por aquello de la "ley del libre albedrío", gracias a la cual funciona este Universo.

Cuando trabajas con ángeles, puedes solicitar o apoyarte en su luz, así como en su yo más elevado, que carece de ego. Los ángeles te ayudan a sanar los pensamientos para que alejes el miedo y enfrentes las situaciones con amor; no tienen restricciones de tiempo ni de espacio, así que nunca pienses que los molestas o que abusas de ellos.

La palabra *ángel* significa "mensajero de Dios"; por lo tanto, cuando elevas una oración al Creador, los ángeles son enviados como portadores de Su mensaje. No es una blasfemia que hables con los ángeles, pues a través de ellos conversas con Dios; los ángeles son uno con Él, son sus extensiones, igual que tú.

La sanación ocurre a una velocidad milagrosa y en forma increíble cuando nos comunicamos con los ángeles. Ellos nos sanan física, espiritual, emocional, económica e intelectualmente. Nos asisten si tenemos problemas en el trabajo, de salud, en la vida sentimental, con la familia, en el hogar, y en todo aquello que es importante para obtener paz mental.

Si deseas sanarte, sanar a un ser querido o a otra persona que lo necesite, los ángeles te guiarán hacia un poderoso canal de energía curativa.

ACERCA DEL LIBRO

Este libro está conformado en tres partes. Si te gustan las historias de aventura espiritual, comienza con la Parte I. Si lo único que te interesa es conocer los pasos de la medicina con ángeles y las historias relacionadas con ella, entonces puedes leer primero la Parte II, ya que es una sección independiente. Y la Parte III es la sección de referencia donde encontrarás los métodos de sanación con ángeles que se mencionan en las primeras dos partes del libro.

La Parte I de *Medicina de ángeles* es otro capítulo de mi historia de descubrimiento y aventura espiritual, que inició con mi libro *The Lightworker's Way* y continuó con su secuencia *Healing with the Fairies*. Pero no es necesario que los leas para que comprendas el contenido de este libro.

PARTE I

LOS ÁNGELES DE LA ATLÁNTIDA Y LOS SECRETOS DEL TEMPLO DE SANACIÓN

CAPÍTULO 1

El viaje a la Atlántida

No estaba en mis planes ir a Santorín, pero luego de que mi editor griego y Steven Farmer, mi esposo y compañero de viaje, establecieron el itinerario, comprendí por qué era necesaria la visita. Como parte de la gira que haría por Europa para presentar mis talleres, Steven preparó un viaje de relajación para nosotros a la isla Santorín. No teníamos idea que los días de descanso serían tan intensos.

Desde que se reservó el vuelo a Santorín, el Universo me mandó señales que confirmaban que era lo correcto. En todos los periódicos y las revistas que hojeaba, había reportajes sobre la isla, y en cada uno se mencionaba la relación entre Santorín y la Atlántida. La atracción comenzó un día que me levanté más temprano de lo habitual y sentí la necesidad de llamar a mi amigo James Van Praagh, el famoso escritor y médium espiritual.

—¡Es increíble! —exclamó James cuando le llamé—. Hoy en la mañana también yo "recibí" el mensaje de que te hablara.

Una hora más tarde, cuando nos reunimos para desayunar, le mencioné mi próximo viaje a Europa.

—Cariño, hay un lugar al que *debes* ir —dijo—.

—Está bien —respondí, abierta a escuchar la sugerencia de James, quien además de ser un excelente parasicólogo, también es experto en viajar por el mundo.

—Tienes que ir a la isla Santorín. ¡Es uno de mis lugares favoritos en el mundo! —dijo con entusiasmo. Se inclinó hacia delante, me miró a los ojos y susurró—. Y tú sabes que ese sitio es la Atlántida.

Escuché con atención sus palabras y respondí:

—James, es impresionante, Steven y yo ya reservamos una visita a la isla Santorín. Hace unas semanas jamás había oído sobre ese lugar, y ahora el Universo me bombardea con mensajes para que vaya; la información indica que Santorín es parte de la Atlántida. ¡Te mandaré un correo electrónico cuando esté allí!

ISLA SANTORÍN

Cuando la pequeña aeronave en la que Steven y yo viajábamos empezó a descender, recordé la película *Un amor de verano*, de Daryl Hannah, que se filmó en esta isla griega. El transparente cielo y el mar se fundían formando una gigante pantalla azul, con cientos de casitas de estuco blanco brillando en primer plano.

Los aproximadamente cincuenta pasajeros bajamos la escalinata del avión y nos recibió el aire caliente y húmedo que reflejaba la ardiente pista de aterrizaje. Para cuando recogimos el equipaje, ya no había taxis disponibles. El aeropuerto estaba en un área remota y la única opción de transporte que teníamos era rentar un auto. El Suzuki Alto era tan pequeño, que parecía una motocicleta con cubierta de coche, aunque todos los vehículos de la isla eran como diminutos automóviles de juguete; Suzuki, Hyundai, Fiat y Peugeot eran las únicas marcas de autos.

El empleado de la agencia de autos nos dijo que llegaríamos al hotel cuando a mano derecha viéramos una oficina de información turística, y que entráramos al primer estacionamiento que hubiera a la izquierda. Con esa información poco específica, nos dirigimos a la ciudad de Imerovigli. Fue fácil encontrar el estacionamiento, pero no el hotel. En la pared que daba al estacionamiento se leían docenas de nombres de hoteles, incluyendo el nuestro, pero no había flechas que indicaran qué dirección debíamos seguir. El camino se dividía en dos y supusimos que el hotel estaba en el extremo de la península, así que tomamos el equipaje y caminamos hacia allá.

Al poco tiempo, me di cuenta que mis zapatos con tacones de seis centímetros no combinaban con los miles de escalones de la isla. Me detuve, me arrodillé para abrir la maleta y los cambié por un par de sandalias de piso. Durante el resto del viaje usé esas sandalias (y los tenis para correr), a pesar de que los días previos al viaje me había imaginado vestida con largos y holgados trajes griegos y zapatillas de tacón.

Hacía calor, había polvo y estábamos cansados luego de volar desde Los Ángeles, haciendo escalas para cambiar de avión en Londres y en Atenas, y luchar con maletas pesadas, escalones y caminos sinuosos no era el inicio ideal de nuestras vacaciones en Grecia. ¡Y ni siquiera estábamos seguros de ir en la dirección correcta!

—Espérame aquí con el equipaje, voy a ver si vamos bien —dijo finalmente Steven. Regresó cinco minutos después con un sonriente hombre de cabello oscuro, que en silencio tomó todas las maletas y nos indicó que lo siguiéramos. En respuesta a mi expresión de desconcierto, Steven me explicó que ese señor sabía dónde estaba nuestro hotel, y que ya nos esperaban. Ese hombre era el botones, quien, sospeché, cumplía con varias funciones al mismo tiempo. Lo pensé porque parecía un vehículo de tracción que subía y bajaba los escalones sin ningún esfuerzo cargando nuestras pesadas maletas. Nos condujo al hotel a través de un laberinto de escaleras al aire libre, mientras luchábamos por seguirle el paso.

Nuestra habitación estaba construida al lado de un acantilado y en su interior había una roca del tamaño de un piano; pero nos dijeron que era algo común en los hoteles que están en los acantilados. La energía de la roca estaba totalmente viva y parecía que nos acompañaba una tercera persona cuando nos instalamos; estábamos en la habitación de la roca y nosotros éramos sus huéspedes.

Como en la isla Santorín el agua se transporta en camión y se bombea, los baños y las duchas son muy diferentes a los de los hoteles comunes. Básicamente están conformados por un baño y un desagüe. Para tomar una ducha, primero hay que calentar el agua, lo que se hace con veinte minutos de anticipación oprimiendo un botón para activar el sistema de calentamiento solar. Después se corre una cortina para separar la ducha del resto del baño, y se abre una regadera de mano.

Una vez que nos bañamos y nos pusimos ropa y zapatos cómodos, Steven y yo salimos a conocer el lugar. Nos fijamos muy bien en la ubicación del hotel para poder identificarlo al regreso, pues a simple vista los hoteles y las villas de la isla son iguales.

Lo primero que notamos fue que Santorín estaba repleta de gatos callejeros de pelo corto de todos los colores. Los animales eran delgados, como si subsistieran de las dádivas de los visitantes; eran muy amigables y cariñosos, y sin duda habían aprendido que frotarse contra las piernas de los turistas era una manera segura de obtener caricias y alimento. Al pasar por las tiendas que flanqueaban la calle, vimos que vendían muchos calendarios con el título "Gatos de Santorín", con bellas fotografías de estos animales sentados junto a las villas y las casitas blancas.

EL RECUERDO DE LA LUZ

El cambio de horario, el aire fresco, el sol y los meses previos de arduo trabajo, se combinaron para que a Steven y a mí nos invadiera el cansancio. No habíamos tenido un minuto de descanso y de repente nos dimos cuenta que estábamos exhaustos. El primer día en Santorín dimos inicio a la costumbre de tomar largas, relajantes y tranquilas siestas en la tarde.

Luego de dos horas de descanso, el primer día desperté con imágenes de colores y luces brillantes en la mente. Durante la siesta recibí la visita de ángeles que me dieron mensajes sobre el poder curativo de la luz y del color. Aunque no recordaba lo que dijeron, confíe en que la información se había almacenado en mi inconsciente.

Esa noche nos reunimos con tres hombres que nuestro editor griego había enviado: Janis Renieris, dueño del hotel donde nos hospedábamos; Polichronis ("Chronis") Mada, médico holístico del lugar; y Andres Kannelopoulos, quien tenía poco de haber regresado luego de estudiar varios años con un avatar hindú (un avatar es un ser humano vivo que ha aprendido a realizar y a manifestar milagros).

Mientras observábamos la colorida puesta de sol bañada por los colores del arco iris, Janis nos contó la extraordinaria historia de la curación de su hijo. El 9 de junio de 1992, Manolis, de 19 años, estaba buceando en el mar cuando su arpón se disparó y le perforó la cabeza. Como ex navegante, Janis siempre se ha sentido protegido rezándole a San Nicolás; por lo tanto, encomendó a este santo que cuidara de su hijo. Cuando Janis recibió la llamada en la que le informaron del accidente de Manolis, oró y salió corriendo al hospital. Los doctores decían que el muchacho tenía suerte de estar vivo.

—¿Cómo lograste salir del agua? —Janis le preguntó a su hijo.

—Fui hacia la luz, papá —contestó Manolis desde la cama del hospital—, y San Nicolás estuvo conmigo en todo momento.

Los médicos dijeron que el joven quedaría ciego y paralítico de por vida, pero Janis se negó a ver "roto" a su hijo. Lo visualizó entero y sano, y al cabo de un año, ¡el muchacho estaba completamente curado! Su milagroso alivio renovó la fe de toda la gente del pueblo, incluyendo a los ex escépticos compañeros de clase de Manolis.

Chronis y Andres sonrieron al escuchar la historia de Janis, pues eran hombres de profunda fe. Chronis trabajaba como médico de la isla Santorín, y estaba de guardia prácticamente todo el día para atender a los enfermos en sus casas o en el consultorio.

La figura vigorosa y el rostro juvenil de Chronis hacían que pareciera más un modelo que un doctor; me recordaba a Mark McGrath, el cantante de la banda Sugar Ray. Chronis nos contó cómo combinaba la espiritualidad con los métodos naturales y la medicina.

—Los ángeles no están en el Cielo —dijo—, sino en la Tierra y su objetivo es ayudarnos a controlar nuestros pensamientos. En esta época, el karma es instantáneo y lo que pensamos se manifiesta de inmediato. Lo que das se te regresa multiplicado diez veces en un instante. Lo mismo sucede con los pensamientos malos, vuelven a ti al momento. Antes, te enfrentabas a tu karma en la siguiente vida; ahora, lo haces en ésta.

Chronis era un médico tradicional, pero empezó a sentir que curar era más que recetar medicinas y ordenar exámenes. Había notado que los enfermos respiraban de manera superficial, así que estudió la forma de enseñar a la gente a respirar profundamente, como una vía para recuperar la salud. Esto hizo que Chronis se graduara como quiropráctico y aprendiera a manipular el cuerpo de sus pacientes, para ayudarlo a recibir más oxígeno.

Chronis también observó que las personas que bebían mucha agua se aliviaban muy rápido, por lo que empezó a recetar grandes cantidades del líquido a sus pacientes. Después estudió los chakras (centros de energía que se localizan en el interior del cuerpo y que hacen circular la energía fuerza-vida) y también se convirtió en maestro de Reiki, así empezó a trabajar con la energía de sus pacientes.

Asimismo, se dio cuenta que la gente que albergaba culpas se enfermaba más y permanecía así por periodos más largos que los individuos que tenían la conciencia tranquila.

—La culpa está matándonos, nos enoja y nos entristece —dijo Chronis—. Yo les aconsejo a mis pacientes que ya no sientan culpa o que ya no hagan cosas que los *hacen* sentirse culpables. —Aunque Chronis descubrió que el amor era el principal agente curativo. Cuando enviaba energía de amor a sus pacientes y los ayudaba a concentrarse en el amor, siempre sanaban rápido.

En su trabajo como sanador, Chronis empleaba una mezcla de ciencias esotéricas, holísticas y médicas. Como resultado, sus servicios tenían mucha demanda y nuestras dos reuniones se realizaron entre citas con pacientes.

Andres tenía un aire de sabiduría tranquilo y sobrio, compartía la casa con Chronis, y además eran socios y amigos de años. Andres era el tipo de persona que no hablaba mucho, pero cuando lo hacía, te impresionaba la profundidad de sus palabras.

Como dije, Andres acababa de regresar de la India, donde estudió y vivió con un avatar famoso y sus seguidores durante siete años. Se ha comprobado que este avatar hace aparecer objetos en el aire, se desdobla, desaparece su cuerpo y levita, entre otras hazañas (en las que se incluyen sanaciones milagrosas). En los años que estuvo con el avatar, Andres aprendió mucho sobre la naturaleza de la sanación.

—El avatar me enseñó que hay ciertos colores que alivian enfermedades específicas —dijo Andres—. Los visualizas envolviendo a la persona que estás sanando o a ti, si necesitas aliviarte. También puedes invocar los colores pidiendo que cubran al cuerpo del individuo.

Andres nos dijo que el avatar le enseñó esto:

- la luz morada alivia el cáncer y mata virus;
- la luz blanca cierra heridas del cuerpo físico y del aura;
- la luz azul claro limpia y desintoxica el cuerpo, como el agua;
- la luz dorada abre el tercer ojo y deja al cuerpo abierto (después de que se limpió con luz morada, blanca y azul claro).

Mencioné que esos colores eran muy angelicales. La luz morada es la del arcángel Miguel, quien aleja el miedo de nuestro cuerpo y mente; la luz blanca es la esencia de todos los ángeles; el azul claro es el color del arcángel Raguel, que lleva armonía y fe a nuestras vidas; y la luz dorada corresponde a la energía del Espíritu Santo y a la de Cristo.

Cuando Andres dijo que la luz dorada abre el tercer ojo, me acordé de las páginas originales, no editadas, del libro *Curso de Milagros.* El término *aparición espiritual* se empleaba de manera generosa en el texto, pero después se reemplazó con *Espíritu Santo* cuando se editó para venderse al público. Hasta en ese libro se asoció al Espíritu Santo (la luz dorada) con aparición espiritual, o clarividencia.

—No debería sorprendernos que la luz sane al cuerpo —dijo Andres—. Después de todo, sabiduría es sinónimo de luz.

—Aprendí que la luz más amor es igual a sanación —añadió Chronis.

—Luz más amor es igual a sanación —repetí, con la sensación de que ya lo sabía; los ángeles me lo habían dicho en su visita de esa tarde. Me pareció que la frase de Chronis era muy similar a los mensajes que recibí de los ángeles mientras dormía.

La velada con Chronis, Andres y Janis se desvaneció con discusiones sobre la vida en general, y Steven y yo dormimos especialmente bien esa noche.

EXPLORACIÓN DE LA ISLA

A la mañana siguiente, una maravillosa alba brillaba en la bahía de la caldera cuando Steven y yo nos despertamos. Decidimos ir al mercadito de la zona, donde vendían pan recién horneado, jitomates frescos y crema para untar de aceitunas kalamata. La subida y bajada de escalones que se encuentran por toda la isla Santorín nos hizo sudar y nos abrió el apetito.

Rita, la dueña de la tienda, nos saludó con un "¡Kalimera!", que aprendimos que quiere decir "buenos días" en griego; pero la gente repetía esa misma frase en la tarde, por lo que dedujimos que tenía doble significado y también era "buenas tardes". Así que una vez que empezaba a atardecer decías "kalimera" o "buenas tardes". De igual forma aprendí que "efharisto" significa "gracias" en griego, y mi pronunciación le causaba gracia a la gente.

Rita poseía una belleza sencilla; llevaba su cabello entrecano perfectamente recogido en un chongo y la gran cantidad de ropa que usaba favorecía su aspecto de madre de familia. Su sonrisa era tan cálida y sincera, que derretía hasta la mantequilla.

A Steven y a mí nos gustaba hacer sándwiches con pan recién salido del horno, rebanadas de jitomate y crema de aceitunas. Como los ingredientes tenían un sabor que jamás habíamos probado, no nos cansamos de comer esos sándwiches durante todo el viaje. En la cena, yo pedía champiñones griegos asados, se llamaban *plevrotus*; eran parecidos a los champiñones comunes, se cocinaban con mantequilla, se salteaban con vinagre balsámico y aceite, y se sazonaban hasta que quedaban bien cocidos. No importaba qué restaurante visitáramos, los champiñones siempre tenían el mismo sabor y consistencia, como de carne a la parrilla. Y gracias a que subíamos y bajábamos muchos escalones, el aceite de oliva no nos hizo engordar.

De hecho, aprendimos que la dieta mediterránea (vegetales, frutas, pescado y aceite de oliva) y la longevidad van de la mano. En un estudio realizado en 1994 y publicado en *Lancet*, la revista inglesa de medicina, se descubrió que si la gente que sufría de infartos al miocardio adoptaba la dieta mediterránea, reducía sus problemas coronarios en un 73%. En junio de 2003, *The New England Journal of Medicine* publicó los resultados de un estudio llevado a cabo en más de 22,000 personas que siguieron la dieta mediterránea; aquellos que comieron alimentos mediterráneos tradicionales vivieron más tiempo. Los autores del estudio llegaron a la siguiente conclusión: "La preferencia por la dieta mediterránea tradicional está asociada con una reducción importante de la mortalidad".

Muchos científicos creen que el ácido alfa linolénico (Omega 3) de las aceitunas y el aceite de oliva está relacionado con la salud del corazón, ya que dicho ácido ayuda a regular la presión arterial, el ritmo cardiaco y la dilatación de los vasos sanguíneos. No es de sorprender entonces, aunque muchos griegos fuman, que la esperanza de vida de los hombres griegos se encuentre dentro de las más altas del mundo, entre 72 y 74.5 años de edad.

Steven y yo decidimos caminar para digerir el desayuno mediterráneo y exploramos a pie la parte norte de la villa. Cuando llegamos a la calle principal, se nos unió una perra grande de pelo dorado y rizado, que caminó junto a nosotros como si la conociéramos de años. Por alguna razón la bauticé como Molly y respondió al nombre. Llegamos al final del sendero, donde se erigía una bella iglesia en un área boscosa. Un sacerdote de túnica oscura salió de la iglesia, y nuestra nueva amiga le ladró frenética; como hasta entonces Molly no había emitido sonido alguno, Steven y yo entendimos el mensaje y nos regresamos.

Santorín es famosa por sus cientos de pequeñas iglesias blancas de adobe y techos en forma de cúpula pintados de azul intenso. Las iglesias reflejan la luz del sol con fuerza y contrastan con el océano que tienen como telón de fondo y que se ve desde cualquier parte de la isla. Aunque sólo 10,000 personas habitan en Santorín, hay 250 recintos de la fe ortodoxa griega; muchos son tan pequeños, que sólo diez personas, o menos, pueden estar en el interior al mismo tiempo; y algunas iglesias se construyeron en partes casi inaccesibles del acantilado.

Steven y yo nos preguntamos por qué había tantas iglesias. La gente del lugar nos explicó que los marineros que no perdían la vida en alta mar construían iglesias como ofrenda para sus santos patronos; creían que con el recinto complacerían al santo y éste seguiría protegiendo al marinero y a su familia.

Como el mármol se extraía en abundancia de las montañas griegas, las terrazas y las escaleras exteriores de la mayoría de las villas de Santorín eran de este material; hasta las casuchas en ruinas tenían exquisitas entradas de mármol. Como estábamos acostumbrados a ver finos pisos de mármol sólo en el interior de edificios elegantes, Steven y yo quedamos maravillados con el uso liberal de este material en la parte exterior de las casas de toda la isla.

Poco tiempo después, llegamos al hotel y nos despedimos de Molly. Por suerte, durante nuestra estancia vimos (y alimentamos) todos los días a nuestra nueva amiga.

Era medio día cuando volvimos a la villa. La luz del sol era diferente en Grecia; tenía un intenso tinte dorado y daba color a todo con un fuerte brillo, como la luz de una vela. La luz dorada se reflejaba en la piel bronceada de la gente.

CAPÍTULO 2

En el interior del templo de sanación

El sol y la caminata hicieron que Steven y yo nos cansáramos mucho, y encantados tomamos nuestra siesta. Me dormí profundamente, pero percibí otra visita de los ángeles. En esta ocasión recordé que me hablaron del poder curativo de la luz dorada. "Pon las palmas de las manos hacia el sol y absorbe su energía. Luego, colócalas en tu corazón para que actives y despiertes la energía del chakra del corazón", dijeron.

Cuando desperté de la siesta, salí a la terraza y abrí mis manos al sol; visualicé que los rayos solares caían en ellas y las sentí arder con nueva vida. Después coloqué las manos tibias sobre mi corazón y sentí que me recorría una avalancha extática, al mismo tiempo que mi corazón se cubría completamente con amor gozoso.

Esa tarde, justo antes del atardecer, Steven y yo fuimos a la montaña Skaros, la cual se adentra en el mar y se une a la isla Santorín a través de una pequeña península. Era el lugar perfecto para ver la puesta de sol. Al empezar a andar por el camino, junto a nosotros pasaron muchos turistas estadounidenses; con la cara roja, sudorosos y jadeantes, nos advirtieron que el paseo a Skaros era una pesadilla. Steven y yo volteamos a vernos, por un momento reconsideramos la idea de seguir adelante, pero no nos detuvimos. Después de todo, diario caminábamos cinco kilómetros y teníamos el nivel de resistencia para aguantar una caminata pesada. La montaña era preciosa, estaba poblada de bellas flores silvestres, pasto largo y piedras lisas. ¡*Debíamos* ir hacia allá!

Conforme nos acercamos, nos dimos cuenta que la montaña no era un montículo de tierra, sino una antigua fortaleza enclavada en una colina que se había llenado de hierba y se había cubierto de tierra. Steven se acercó a la estructura; como doble Capricornio, podía caminar con firmeza por la pila de rocas que llevaba a la entrada de la estructura, mientras yo lo observaba desde mi cómodo asiento, una piedra suave y lisa.

Me recosté en la roca, que irradiaba el calor del sol que había recibido durante el día, cosa que me pareció maravillosa en contraste con el fresco aire del atardecer. Steven regresó conmigo cuando el sol descendía hacia el borde del océano; los rayos anaranjados, rosas y amarillos del crepúsculo iluminaban el castillo y las laderas que estaban a su alrededor. En ese momento, fue fácil imaginar que ese mágico escenario alguna vez fue la antigua Atlántida.

Las primeras referencias registradas de la Atlántida se encontraron en dos diálogos de Platón: *Critias*, escrito en el año 370 a.C., y *Timeo*, en 360 a.C. Platón obtuvo la información sobre la Atlántida de Critias el Joven, nieto del emperador griego Solón, quien supo de ella en una visita a Egipto en el año 590 a.C.

Platón escribió en *Timeo*:

En esa isla de la Atlántida surgió un imperio grande y maravilloso de reyes que gobernaba sobre ella y muchas otras islas, así como partes de la tierra firme. En ese continente dominaban también los pueblos de Libia, desde las columnas de Heracles hasta Egipto, y Europa, hasta Tirrenia. Esta vasta potencia unida intentó por todos los medios esclavizar con un ataque a toda tu región, la nuestra y el interior de la desembocadura. Entonces, Solón, el poderío de tu cuidad se hizo famoso entre todos los hombres por su excelencia y fuerza; superó a todos en valentía y en artes guerreras, condujo a los helenos en un momento de la lucha; cuando los demás se separaron, se vio obligada a combatir sola, corrió los peligros más extremos y dominó a los que nos atacaban. Alcanzó así una gran victoria e impidió que los que aún no habían sido esclavizados lo fueran y al resto, cuantos habitábamos más acá de los confines heráclidas, nos liberó generosamente.
Pero después, tras un violento terremoto y un diluvio extraordinario, en un día y noche terribles, la clase guerrera de tu país se hundió bajo la tierra y la isla de la Atlántida desapareció en las profundidades del mar. Por esa razón, aún ahora el océano es allí intransitable e impenetrable, porque lo impide el lodo producido por la isla asentada en ese lugar y que se encuentra a muy poca profundidad.

Y en *Critias*, Platón escribió:

Según los combatientes de un lado, reportaron que la ciudad de Atenas fue la vencedora y ganó la guerra; los combatientes del otro lado, comandados por los reyes de la Atlántida, que, como decía, era una isla más grande en extensión que Libia y Asia, y que después se hundió a causa de un terremoto, se convirtieron en una barrera de lodo para los viajeros que intentaban zarpar de aquí a cualquier parte del océano.

Las referencias de Platón a Atenas y Libia ubican a la Atlántida en las regiones del Mediterráneo o de Medio Oriente. Tuve intensas imágenes de porciones de tierra que se extendían desde Grecia, Turquía e Italia, hasta Egipto y el norte de África. ¿Podría ser ésa el área que ahora abarca Santorín, Creta y otras islas griegas? Es más, ¿podría tratarse de la Atlántida?

La ubicación de la Atlántida era definitivamente controversial. Entre los eruditos y los creyentes de la espiritualidad que aceptaban la existencia de la Atlántida, las teorías sobre su localización se dividían entre quienes creían que se encontraba en Santorín, y aquellos que la ponían en Indonesia, las islas Bimi (en las Bahamas), el Triángulo de las Bermudas, las islas Británicas y México. Y si se analizan con cuidado las palabras de Platón, o a los místicos modernos como Edgar Cayce, Ruth Montgomery y Dolores Cannon, encontramos pruebas para sustentar todas las teorías.

"Había piedras blancas, negras y rojas", la referencia de Platón a la Atlántida concuerda con Santorín y describe perfectamente los colores de la tierra y los acantilados de la isla. El filósofo también escribió que la Atlántida era una isla circular con manantiales naturales de agua fría y caliente, lo que una vez más coincide con Santorín. Algunas personas creen que la palabra *Atlántida* se derivaba del Océano Atlántico, pero lo cierto es que el nombre proviene de la mitología griega. Poseidón le regaló la isla a su hijo, Atlas, y la bautizó en su honor. *Una conexión más de Grecia con la Atlántida*, pensé mientras seguía sentada en mi cálida piedra.

EL RECUERDO DE LA ATLÁNTIDA

A través de regresiones a vidas pasadas y recuerdos espontáneos, muchos de nosotros recordamos a la Atlántida como una sociedad muy avanzada, en la que los medios de transporte, el alumbrado eléctrico y la sanación funcionaban a partir del poder del pensamiento multiplicado por los cristales. Para obtener resultados milagrosos, los sanadores de la Atlántida trabajaban con las energías y los ciclos de la naturaleza, se impregnaban de deseos positivos y eran asistidos por los ángeles y otros seres divinos.

—Es el momento perfecto para una regresión a vidas pasadas —le dije a Steven.

—Tienes razón, lo es —estuvo de acuerdo. Como sicoterapeuta y metafísico, Steven tiene experiencia en regresiones. Desde que llegamos a Santorín, estaba ansiosa por recordar con mayor detalle mi vida en la Atlántida. Sabía que una regresión bloquearía mi conciencia y podría desenterrar antiguos recuerdos.

Cuando Steven inició la cuenta regresiva para hipnotizarme, mi intención era regresar a la Atlántida para recuperar la información sobre sanación física. Las intenciones que tenemos al comienzo de la hipnosis son como un mapa que ayuda al inconsciente a elegir entre los millones de recuerdos que almacena. Gracias a mi plena confianza en Steven, no me costó trabajo caer en un profundo estado de relajación.

Vi mi larga y oscura cabellera y mis delgados y jóvenes brazos. Era una de las muchas asistentes femeninas en el templo de sanación. Todas sabíamos con certeza que la fe era la clave de la sanación.

Las mujeres entonábamos oraciones para evitar distraernos o desanimarnos; y yo lo hacía en una lengua extranjera con una voz dulce y melodiosa que no era la mía.

Dos sacerdotes de alta jerarquía nos distraían o nos desanimaban a nosotras, las trabajadoras femeninas. Los hombres hablaban con voz fuerte y su energía era pesada; sus modales toscos alteraban la atmósfera sagrada del templo de sanación. Los cantos nos mantenían concentradas y ayu-

daban a que los pacientes estuvieran tranquilos y relajados. En el centro del templo de sanación había una pirámide de cristal, transparente, de entre sesenta y noventa centímetros, y en su centro estaba la imagen holográfica de un ojo azul grande, que todo lo ve. El ojo y la pirámide almacenaban e incrementaban la luz del sol que entraba por el hueco que había en el techo.

Las trabajadoras vertíamos aceite de oliva en nuestras manos y luego las elevábamos hacia la luz, así limpiábamos los chakras de la mano. Había pan, agua, aceitunas, manzanas y otras frutas en el altar cerca de la pirámide, donde absorbían la luz; por lo tanto, los pacientes ingerían luz al consumir estos artículos.

Steven me preguntó mi nombre, y sin dudar le respondí: *Domya* (aunque no estoy segura que se escriba así); preguntó de dónde provenían la pirámide y el ojo, al instante contesté: "De Hermes". No sabía mucho sobre Hermes y hasta que después investigué, supe que está íntimamente relacionado con Grecia y con la Atlántida. Algunos escritores dicen que Hermes es el dios egipcio Thoth, inventor de la escritura y figura importante en la alquimia.

En mi libro *Archangels & Ascended Masters* escribí sobre Thoth, y me prometí que buscaría más información sobre la conexión que existe entre Hermes y Thoth cuando regresara a la oficina; pero eso lo pensé después de la regresión. Durante la sesión, yo era Domya y vivía en la época de la Atlántida ayudando a la gente en el templo de sanación.

Los pacientes se subían a una cama cóncava, en forma de U, hecha con cristal de cuarzo. Por turnos, siete de nosotras, las trabajadoras femeninas, colocábamos la punta de un cristal grande sobre los chakras del paciente. El trabajo de cada una era enviar el color correspondiente al chakra, por lo que debíamos concentrarnos sólo en ese color. Cuando terminábamos de cubrir al paciente con el color del chakra, la siguiente trabajadora comenzaba su labor; iniciábamos con el chakra raíz. Casi siempre me asignaban para trabajar los chakras del corazón, de la garganta y del tercer ojo. Mi favorito era el del corazón, pues además de que su color principal era el verde, también tenía mucho rosa entremezclado, como si fuera una bella rosa con hojas.

Un zumbido salía de la pirámide de cristal principal, como si un generador mandara energía eléctrica a la punta del cristal que colocábamos sobre los chakras del paciente. No sé bien cómo llegaba la energía a los cristales, pero todo seguía un orden perfecto.

Los pacientes pasaban gran parte de su tiempo con nosotras paseando por los jardines, tomando siestas a la luz del sol en largas sillas, respirando aire fresco, y básicamente desprendiéndose de las preocupaciones e inquietudes del mundo. Nuestro templo de sanación era un refugio tranquilo, al que todos los ejércitos respetaban como morada de los dioses y las diosas. Se encontraba ubicado en la base de una imponente montaña, la cual parecía un guardián que nos cuidaba y protegía. La montaña proyectaba las sombras del atardecer en el templo antes de que nos preparáramos para aceptar la inminente oscuridad.

La mayor parte de nuestro trabajo de sanación tenía lugar durante las horas del día; sólo cuando había luna llena trabajábamos en la noche. Las trabajadoras femeninas formábamos un círculo, imitando la figura de la luna; agradecíamos las bendiciones en silencio, atraíamos la energía de la luna hacia el interior del círculo, y nos decíamos palabras bonitas y de apoyo una a la otra. Supongo que a esa actividad podríamos llamarla grupo de apoyo. Ciertamente, nuestras baterías se recargaban y los días posteriores a la luna llena eran los mejores en términos de atención a los pacientes. Parecía que los cristales tenían vida y todas sus propiedades funcionaban al máximo. No pude evitar preguntarme si la renovación de nuestra energía era la que producía ese efecto.

Las trabajadoras dormíamos en otro edificio, que se encontraba un poco más al norte del templo. Compartíamos una habitación grande con muchas camas y un clóset; como todas usábamos los mismos vestidos, a nadie le importaba a quién pertenecían. La mayor parte del tiempo cooperábamos unas con otras y sólo el mal humor, que se presentaba de vez en cuando, provocaba fricciones entre nosotras.

Los hombres eran nuestra principal fuente de irritación. Los dos sacerdotes vestían con ropas oscuras, y parecía que siempre tenían mucho tiempo libre. Quizá por aburrimiento emitían sonidos corporales para distraernos, sin sentir culpa ni vergüenza. Hablaban demasiado fuerte y se paseaban como si fueran nuestros guardias; aunque nos ayudaban cuando un paciente no podía subirse solo a la cama de cristal o había que llevarlo a algún lado. En esos momentos, les perdonaba sus travesuras.

Me encantaba visitar los jardines con los pacientes, y con frecuencia me ofrecía como voluntaria para esa labor. Tomaba la mano del paciente y nos sentábamos en silencio, disfrutando del canto de los pájaros, del aroma de las flores y de los rayos del sol que jugueteaban con las hojas de los árboles.

Los pacientes recuperaban la salud si se les motivaba a sentirse bien otra vez. De vez en cuando, alguno caía en una profunda desesperanza, pero teníamos claro que la gente que moría era la que ya no quería vivir; estaba cansada y buscaba un pretexto para irse a Casa, en pocas palabras. ¡Para mí era evidente! Siempre sabía quien "pasaría a mejor vida"; su tez grisácea indicaba un desgano que pronto culminaría en un cuerpo sin vida. Yo creía que la gente tenía derecho a decidir si quería vivir, así que jamás traté de convencer a alguien de que viviera si ya estaba listo para irse.

De mala gana dejé la Atlántida cuando el aire de la noche enfrió mi cuerpo y me sacó del estado hipnótico.

—Te cambió la cara —Steven me hizo notar cuando me estiré para ponerme de pie. Parece que cambié físicamente durante la regresión, pues adopté profundamente a la persona que fui en el pasado.

Cuando íbamos de regreso a la villa, sentía que flotaba. En cuanto entramos a la habitación, empecé a escribir lo que recordaba de la regresión. Como Steven me interrogó durante la sesión de hipnosis y yo respondí sus preguntas, él me dio detalles que no recordaba conscientemente.

LOS ÁNGELES DE LA ATLÁNTIDA

Esa noche, la Atlántida atacó mi mente con recuerdos de la información sobre sanación que yo conocía en esa época. Eran datos comunes que la mayoría de la gente de la Atlántida, en especial aquellos que éramos sanadores, conocía como realidad. Recuerdo lo siguiente:

> *La salud del cuerpo es un reflejo de la actitud del ser humano, a la que llamamos alma o personalidad. El espíritu siempre está lleno de vida, pero las preocupaciones agobian al alma, haciendo que proyecte la luz Divina con menor intensidad, y se opaque, como un foco lleno de polvo. Invocar a los ángeles es llamar a la luz. La luz de los ángeles aumenta la nuestra y nos ayuda a volver a la normalidad; es como el instructor de manejo que temporalmente tiene el control del volante, hasta que aprendemos a hacerlo bien.*
>
> *En los templos de sanación de la Atlántida, las puntas de los cristales apuntaban hacia la persona que recibía la sanación. Se usaban cristales de diferentes colores para cada situación particular, y cuando se trataba de una sanación general, los cuarzos transparentes reflejaban los prismas de la luz del sol. Hoy en día, la sanación con Reiki utiliza*

este mismo tipo de energía, que se relaciona con la energía de los colores del arco iris. Asimismo puedes enviar o recibir pensamientos con un cierto color de luz y obtendrás el mismo resultado.

La energía baja y la desesperanza producen enfermedades y lesiones, para aliviarlas hay que eliminar la actitud pesimista y la baja energía con una infusión de luz limpiadora. Invitar a los ángeles para que entren a tu cuerpo y desechen la baja energía es como si llamaras a los deshollinadores para que quiten la ceniza de la chimenea, o a un plomero para que destape la tubería. Si nos concentramos en el amor, nuestra alma recibe luz; y si el alma tiene luz, el cuerpo también.

Al siguiente día aún no me recuperaba de la regresión; aunque ya no estaba hipnotizada, los recuerdos seguían inundando mi mente. Fue como si hubiera abierto la bóveda de un antiguo banco de memoria. Los ángeles, en especial el arcángel Miguel, se comunicaron conmigo durante la siesta que tomé el día que recuperé los conocimientos de sanación de la Atlántida. *¡Claro!* Lo recordé. *¡Miguel vivió en la época de la Atlántida!* Miguel y el resto de los ángeles de la Atlántida me hablaron de manera enfática sobre la luz y el papel que juega en la salud mental y física. Sus palabras hicieron que prestara más atención de la normal a la luz.

Descubrí que la gente que vive en esas partes del mundo donde el sol es muy fuerte, viste con colores vivos; y en los climas más fríos (así como en el otoño y el invierno), por lo general las personas usan ropa en tonos oscuros, opacos. Cuando Steven y yo vamos de vacaciones a lugares muy calurosos, usamos ropa de colores más fuertes que cuando viajamos al norte. El mensaje es claro: la luz del sol provoca estados de ánimo radiantes y temperamentos alegres, lo que se refleja en la ropa que vestimos.

Me inquietaba algo: *¿No conocíamos la luz natural?* Mi pregunta hizo que recordara una época en la que las ceremonias espirituales y de veneración se realizaban al aire libre. Bailábamos, cantábamos y orábamos rodeados de vegetación exuberante, brisa fresca y todo tipo de climas. La lluvia o el calor no nos molestaban, pues sabíamos que el cambiante temperamento de la naturaleza era parte del plan sagrado. Cuando el piso estaba lleno de lodo, andábamos descalzos; y cuando la tierra ardía de calor o en los días de verano, nos parábamos en la hierba recién cortada. Nunca pensamos en protegernos o resguardarnos del medio ambiente.

La llegada de la religión formal cambió todo eso. Nuestras antiguas costumbres se consideraron "paganas" y todo lo que tuviera que ver con el paganismo quedó prohibido. Para evitar su práctica, se lanzaron campañas para convencer a la gente de que el paganismo era sinónimo de adorar al diablo. La veneración se formalizó, se fundamentó en la culpa y el temor, y se trasladó a edificios fríos y húmedos con ventanas pequeñas que impedían el paso de gran parte de la luz.

Esa noche, Steven y yo nos unimos a cientos de residentes y visitantes de Santorín para disfrutar de la puesta de sol. Este ritual nocturno era testimonio del valor que los griegos daban a los espléndidos colores que bañaban el cielo. Los atardeceres de Santorín son de los más coloridos del mundo.

Mientras veíamos que el sol se hundía en el horizonte del mar, y las nubes tomaban fuertes tonos anaranjados, rosados y rojos, los ángeles me dijeron: "Las coloridas puestas de sol evocan sentimientos de belleza. Los colores del atardecer, sobre todo el anaranjado, corresponden al segundo chakra, el sacro, y preparan al cuerpo para que tenga una buena noche de sueño. Es vital observar el crepúsculo, porque los colores eliminan los residuos del día acumulados en el chakra sacro para que el cuerpo pueda dormir bien".

¡Eso tiene sentido! Pensé. Cuando no salimos a ver la puesta de sol, la energía que se acumula durante todo el día obstruye nuestros chakras. Con la luz artificial intentamos preservar la natural cuando el sol se mete. El insomnio es la consecuencia de que no veamos el atardecer y hace que recurramos a otros medios para conciliar el sueño, como medicamentos o alcohol.

Los ángeles me dijeron que la invención del foco marcó el inicio de nuevas enfermedades en la raza humana. Con la luz artificial se extendieron las horas que pasamos despiertos, pues tratamos de crear un periodo infinito de luz de día. Los focos permitieron que sincronizáramos nuestros ritmos circadianos naturales de vigilia y sueño con el alba y el crepúsculo.

El problema de permanecer en interiores con luz artificial se agravó porque la luz del sol y de la luna se filtraba por el vidrio de las ventanas. Los ángeles dijeron: "Salir a disfrutar de los rayos del sol, las estrellas y la luna es muy diferente a verlos a través de los vidrios. La mente y el cuerpo absorben la esencia pura de la luz y su espectro sólo cuando los sienten de manera directa".

MI VIDA ANTERIOR Y EXPERIENCIAS CON LA LUNA

Las palabras de los ángeles sobre la luna me hicieron recordar la regresión a una vida pasada a la que un año antes me condujo Dolores Cannon. (Dolores es autora de mucho libros sobre regresiones; realiza investigaciones históricas a través de sus regresiones, y yo tuve la suerte de tener una sesión con ella, la cual narro a continuación).

Cuando Dolores terminó la cuenta regresiva para hipnotizarme, me encontraba en la antigua Babilonia...

Era sacerdote/astrónomo (hombre), uno de muchos. El templo estaba en una colina alta y la mayor parte del tiempo nos dedicábamos a seguir el movimiento de las estrellas.

En la noche, en una tablilla marcábamos la posición de las estrellas, tomando como referencia los pilares que estaban en la parte de enfrente del templo; éstos funcionaban como si fueran las líneas verticales de una gráfica, lo que nos permitía registrar qué constelaciones se encontraban junto a cada pilar. El templo no tenía techo, sólo una figura triangular grande en la que se unían las puntas de todos los pilares que formaban el frente del templo. La razón principal por la que registrábamos el movimiento de las estrellas era informarle a los agricultores cuándo labrar, sembrar y recoger la cosecha.

Durante el día, hacía mis funciones de sacerdote, visitaba familias y les ofrecía consejo y ayuda espiritual. No era evangélico ni me erigía como juez, era más bien como un amigo dedicado a la espiritualidad que cenaba y platicaba con la gente del pueblo. Me apreciaban y me respetaban; era inmensamente feliz con mi vida.

También era clarividente, como todos los sacerdotes/astrónomos. Para estimular el don, nos frotábamos un polvo en el área del tercer ojo, el cual aplicábamos a los pacientes como bálsamo de sanación. La sustancia era pizarra en polvo con mercurio e impregnada con luz de luna. La mezcla de polvo y mercurio era un regalo que nuestro maestro recibía de una fuente desconocida.

El maestro se internaba en el bosque y las cañadas, y allí recibía la mezcla. Todos sospechaban que el polvo era de origen extraterrestre, pero yo creía que era de las Pléyades. Nuestra tarea era llevarnos y cargar la sustancia la noche anterior *a la luna llena. Esa noche, la luna actuaba como seno materno y le daba la leche de su mágica energía curativa a la persona o al objeto que recibiera su luz. Esa noche también tenían lugar manifestaciones mágicas.*

En nuestro templo había estatuas de diosas en cada esquina, a una de ellas la bauticé como Diana; una escultura redonda con el rostro de nuestro líder político se ubicaba en la parte frontal del edificio. Los escalones que salían de éste llevaban a la base de la montaña y al pueblo.

Un día me llamaron la atención por enseñarle a los agricultores a leer y escribir, y me advirtieron que no volviera a hacerlo. Hacia el final de mi vida, la gente del pueblo comenzó a hacer disturbios en protesta por la división de clases. En un ilógico acto de autodestrucción, incendiaron el pueblo. Intenté detener la trifulca, pero las cosas estaban demasiado fuera de control y era imposible que una sola persona interviniera. Unas semanas después, dos soldados me detuvieron en la calle porque seguía enseñándole a leer a la gente del pueblo. Los jóvenes y atrevidos soldados hicieron justicia por su propia mano y me mataron. Morí en la calle.

La regresión tuvo un profundo impacto en mí, pues me reveló el poder curativo de la luna. Al día siguiente de la sesión, empecé a investigar sobre Babilonia porque no sabía mucho al respecto. Cuál sería mi sorpresa cuando descubrí que Babilonia se considera la cuna de la astronomía, ¡y que los astrónomos también eran sacerdotes! Leí sobre el trazo de las estrellas e incluso vi fotografías de las tablillas en las que dibujábamos la ubicación de las constelaciones con símbolos como de taquigrafía para identificar a cada grupo de estrellas.

Durante la regresión, mientras estaba hipnotizada, Dolores logró que dibujara los símbolos que hacíamos en las tablillas. ¡Mis dibujos eran idénticos a las fotografías arqueológicas en las que aparecían antiguas figuras astronómicas de Babilonia!

Más tarde, cuando hacía una investigación para mi libro *Archangels & Ascended Masters*, me encontré con información asombrosa sobre Babilonia. Los babilonios trabajaron con el arcángel Haniel para crear una sustancia curativa llamada "luz astral", que era asombrosamente similar al polvo que mencioné en la regresión.

Entonces, decidí crear una sustancia parecida. Como el mercurio se consideraba tóxico, me concentré en el polvo y en la casi luna llena. Después de orar para que el arcángel Haniel me guiara, molí cristales de cuarzo transparente y los revolví con pizarra triturada, ya que en la regresión ésa era la base del polvo, el cual brillaba gracias al mercurio, pero creí que podría obtener las mismas propiedades con el cuarzo transparente.

Luego de convertir la sustancia en un polvo fino, la coloqué en un recipiente plateado con tapadera hermética. La noche anterior a la luna llena, destapé el tazón y lo puse en el balcón de mi casa, al sur de California. Levanté los ojos hacia la luna y vi que la luz blanca azulada me cubría a mí y a todo lo que estaba a mi alrededor; coloqué el recipiente directamente abajo de la luna, y lo estuve moviendo a lo largo de la noche para que recibiera la mayor cantidad de luz.

Llevé el polvo a una reunión de angeloterapeutas certificados, gente que había tomado mi curso de desarrollo psíquico. Sin dar a mis ex alumnos muchos detalles sobre los ingredientes de la sustancia, la froté en el área del tercer ojo de quienes quisieron y también la unté en las partes de su cuerpo donde tenían dolor (mas no heridas abiertas).

Le pedí a los voluntarios que me dieran su opinión honesta sobre la sustancia; casi todos sintieron que su don de clarividencia se estimuló y desapareció el dolor. La mezcla conservó su poder sin necesidad de recargarla, pues el recipiente se quedó cerrado en mi altar. Después de haberse cargado y obtenido la energía de la casi luna llena, parecía que se recargaba y se regeneraba solo. Aunque creo que el polvo se hubiera cargado aún más si lo hubiera vuelto a sacar para que recibiera su dotación de luz de luna.

La luna es muy poderosa y durante siglos las civilizaciones han realizado ceremonias para celebrar sus ciclos. La mayoría de las tradiciones espirituales consideran que la luna llena es el momento para deshacerse de los viejos patrones de conducta y de la negatividad, y la luna nueva es época de manifestar y recoger la cosecha.

Aunque los estudios científicos se contradicen con respecto a que si la luna llena provoca locura e incrementa los crímenes y los accidentes, es un hecho que sí afecta a nuestro cuerpo; cosa que tiene sentido porque la luna controla la marea del océano y nuestro cuerpo es agua en su mayoría.

En enero de 1986, la prestigiosa *New England Journal of Medicine* publicó un estudio en el que se afirma que un número grande de mujeres tuvo sus periodos menstruales durante la luna nueva, mientras que un porcentaje menor lo tuvo en la luna llena. Los investigadores llegaron a la conclusión de que había una relación importante entre los ciclos menstrual y lunar.

CAPÍTULO 3

Un lazo con el pasado

El martes de la semana que estuvimos en Santorín visitamos el pueblo de Akrotiri. El Dr. Chronis nos contó que en ese lugar había excavaciones de ruinas antiguas que muchos creían eran parte de la Atlántida.

Me reí mucho cuando vi salir del estacionamiento a Steven en el pequeño auto que habíamos rentado, ¡parecía que iba manejando un coche de juguete! Por alguna razón, en la isla había un número desproporcionado de camiones grandes que pasaban a toda velocidad por el pueblo ocupando los dos angostos carriles. Nuestro auto se sacudía cuando lo rebasaban los camiones, y más de una vez Steven tuvo que orillarse para evitar que nos arrollaran.

De camino a Akrotiri, nos detuvimos en Fira, el pueblo principal de la isla. Allí, mucha gente hablaba un inglés perfecto porque enormes cruceros anclaban en el puerto cercano y permitían que los turistas bajaran a comer o a hacer compras. Nos estacionamos en un terreno pequeño y recorrimos a pie el área comercial de Fira para comprar un convertidor eléctrico para nuestras computadoras portátiles. Cuando pasamos por un restaurante de nombre *Mama's*, nos llamó una mujer grande y tosca con delantal.

—¡Oigan, muchachos! ¿Tienen hambre? ¡Aquí está Mamá!

Cuando Steven y yo le dijimos de manera muy educada a "Mamá" que ya habíamos comido, nos rebatió con suavidad:

—¿Seguros? ¡Nunca han probado una comida como la mía!

Una vez lejos de la vista de Mamá, nos reímos de su apariencia exagerada y de su voz. Nos encontramos con mucha gente que anunciaba con entusiasmo sus mercancías a nosotros y a otros turistas.

—Me romperá el corazón si no se detiene para ver mi joyería —me dijo el dueño de una tienda.

—Entren, linda pareja —otro tendero nos rogó. Según se veía, todas las cosas se vendían bien en la mayoría de las tiendas. A los dueños les gustaba ser pregoneros y gritar para que más personas entraran a los locales. Nos dimos cuenta que la gente era tan cálida como el clima.

Luego de comprar los convertidores, volvimos a pasar por *Mama's* con la esperanza de que Mamá no nos reconociera. ¡Por suerte no lo hizo! Nos subimos a nuestro pequeño auto y nos desplazamos por el pesado tráfico de Fira.

Saqué el mapa cuando salimos de la ciudad. Aunque la isla sólo tenía una avenida principal, debíamos dar vuelta en otra calle para llegar a Akrotiri. La parte media de la isla era un oasis, con campos verdes flanqueados por el océano azul y el cielo claro; restos de antiguas ruinas se reflejaban en el mar. Conforme nos acercábamos a Akrotiri, me percaté que en las ruinas ubicadas en la costa había esculturas de delfines, sirenas y tritones.

En mi libro *Healing with the Fairies*, escribí sobre sirenas y tritones, y hacía poco tiempo había terminado un paquete de cartas del oráculo de sirenas y delfines. En mi investigación encontré que todas las civilizaciones antiguas del mundo tenían estatuas de sirenas, desde la época de Babilonia. Era obvio que algo había en el arquetipo de los tritones y las sirenas, pues muchas culturas reconocían estas imágenes.

Recordé la visión que tuve cuando escribí *Healing with the Fearies*; en ella vi que en alguna época las sirenas y los tritones sí existieron, pero de manera voluntaria eligieron la extinción para evitar el dolor y el sufrimiento que les impusieron los crueles marineros. Una vez, un místico me habló de una visión en la que los pobladores de la Atlántida se convertían en sirenas y tritones y desaparecían de la tierra para evitar la destrucción. El místico dijo que los delfines de la actualidad son la gente del mar.

Pensé en todas las palabras con "mer" o "mar", como *mercancía, maravilla* y *mercurio*. También me di cuenta que los apellidos de mi esposo y de mi editor (Farmer y Kramer, respectivamente) y los nombres de las deidades Merlín y Mercurio tenían el sufijo "mer". Un día encontré un antiguo mapa del mundo en el que el océano recibía el nombre de "Mara".

Investigué en diccionarios de diferentes idiomas y encontré algunos interesantes significados raíces para "mer" y sus derivados "mar", "mara" y "mir". En francés, las palabras "mère" y "mer"; en alemán, "mutter" y "meer"; en italiano, "madre" y "mare"; y en español, "mamá" y "mar", están relacionadas.

La relación entre *mar* y *madre* parece ser una referencia más a que nuestras antiguas raíces se encontraban en el océano. ¿La gente del mar son nuestros ancestros? ¿Emergimos de las profundidades del mar luego del hundimiento de la Atlántida?

EL VIAJE A UNA CIUDAD ANTIGUA

Encontramos Akrotiri después de dar una vuelta donde no era, y estacionamos nuestro pequeño auto junto a dos camiones grandes de turistas llenos de pasajeros de los cruceros. El lugar de la excavación estaba cubierto con plástico, cosa que lo hacía parecer un gigantesco invernadero.

Cuando Steven y yo entramos al sitio, empezamos a llorar. Al ver a mi esposo, supe que estaba experimentando lo mismo yo, la sensación de haber vuelto a casa. El sentimentalismo iba acompañado de agradables recuerdos de una ciudad ahora en ruinas. Era como si visitáramos nuestra tierra natal, descubriéramos que estaba destruida y recordáramos la alegría de haber vivido allí y el dolor de su destrucción. No obstante, por dentro sabíamos que el final de esta civilización había ocurrido de manera pacífica y tranquila.

La ciudad estaba totalmente intacta; es un hecho que se conservó gracias a la ceniza volcánica que la sepultó durante cientos de años. Los arqueólogos calcularon que la explosión del volcán que hundió gran parte de la isla tuvo lugar alrededor del año 1625 a.C. Los habitantes de la ciudad sabían que la destrucción era inminente, pues en la excavación no se encontró un solo esqueleto. Además, se hallaron artículos frágiles, colocados de manera deliberada bajo las protectoras camas de madera. No había objetos de valor, a pesar de que las pinturas encontradas indicaban que las mujeres usaban joyería elaborada. La gente sabía que no tenía mucho tiempo, así que empacó sus cosas de valor y abandonó la ciudad.

El volcán hizo erupción, llevándose gran parte de Santorín y creando el cráter caldera en el puerto. El impacto del volcán rebasó al Krakatoa; de hecho, áreas tan lejanas como Irlanda y California, presentaron un drástico cambio climático en la época en la que explotó este volcán, lo que indica que afectó a gran parte del mundo.

Después del terremoto, Santorín estuvo deshabitada durante 300 años; la excavación dio inicio hasta 1960. La casi perfectamente intacta ciudad se localiza a 3.60 metros bajo los viñedos, cubierta y conservada por ceniza volcánica. Cuando nosotros la visitamos, los arqueólogos habían recuperado sólo el 3% de la ciudad.

Conforme caminábamos por la calle, tuve la sensación surrealista de estar en dos momentos en el tiempo: uno en el presente, y otro en la época en la que la ciudad estaba poblada. Al entrar en trance, me fundí con el pasado del pueblo y lo veía y sentía como si estuviera vivo en el presente.

> *La comunidad está repleta de diosas y ángeles que viven con los pobladores. Hay cuarzos transparentes y lapislázuli incrustados en todas partes, y se percibe la fuerte energía de los cristales. El lugar está impregnado con energía de oraciones, risas y alegría; hay una energía transparente, tenue, pero intensa. El poder de la sutileza es bien conocido.*
> *En todas partes crecen lirios color violeta y parra. La gente celebra continuamente y se agasaja con pescado, granos, pasas y miel. Hay mucha armonía y cooperación, dicha absoluta, todos se preocupan por todos. Disfrutamos del infinito calor del sol y somos muy felices. ¡Cuántos ángeles hay!*

Recargué la mano en el edificio y sentí que una corriente eléctrica me recorrió el cuerpo. ¿Esto era la Atlántida, como todos decían? Históricamente y según los diálogos de Platón, la explosión volcánica tuvo lugar hace muy poco tiempo. A menos que, como creen algunos eruditos, el filósofo griego o sus traductores se hayan equivocado en las fechas. En *Timeo* y *Critias*, Platón sugiere que el final de la Atlántida ocurrió 9,000 años antes; pero si realmente lo que quería decir eran *900* años, entonces la época concuerda con la destrucción de Santorín. Muchos eruditos piensan que el gobernante griego Solón, quien supo de la Atlántida en un viaje a Egipto, confundió el símbolo egipcio de 900 con el de 9,000; y como Platón se enteró de los descubrimientos de Solón por otra persona (el nieto de éste, Critias el Joven), no cuesta trabajo creer que los detalles más específicos se hayan alterado al volver a contar la historia.

En la excavación, igual que en toda la isla, había piedras rojas, negras y blancas, como lo describió Platón. También descubrí una figura de piedra en forma de cuerno de toro, y un excavador me explicó que ése era el animal sagrado de la civilización, motivo por el cual se tallaban cuernos de toro en la parte superior de los palacios. Platón escribió sobre la existencia de toros en la Atlántida.

No había evidencia de que existieran edificaciones de cristal puro, como algunos especularon, y yo no encontré pistas de aterrizaje para naves voladoras; sin embargo, sentí la presencia de cristales en todas partes. Si esta ciudad no era la Atlántida, sí tenía una fuerte relación con ella. Su energía desencadenó muchísimos recuerdos de mi vida pasada en ese lugar, y abrió más el canal de comunicación divina con los ángeles de la Atlántida.

CAPÍTULO 4

Cristales y aceite de oliva

Al día siguiente, Steven y yo visitamos el Museo Prehistórico de Fira, en el que se exhibían las pinturas y los objetos recuperados en la excavación de Akrotiri.

Elaboradas pinturas representaban a mujeres tipo diosas maquilladas y portando tosca joyería de oro y plata. Como mencioné antes, no se encontraron objetos de valor ni restos humanos en el sitio de la excavación, lo que indicaba que los ciudadanos sabían que el desastre era inminente, hicieron las maletas y se fueron ordenadamente. Sólo gente muy intuitiva pudo predecir una erupción volcánica de esa magnitud, un indicador más de la relación con la Atlántida, pues ese sitio siempre se ha considerado el modelo ideal de población con capacidades síquicas muy desarrolladas.

Muchas de las pinturas descubiertas en las paredes internas de las ruinas de Akrotiri comprobaron mis visiones y las descripciones que hizo Platón de la Atlántida. Estos dibujos indicaban que el área estaba repleta de flores tropicales y plantas; en otras pinturas había una flota de barcos, en cuyo fondo se reflejaban los anillos concéntricos de los acantilados que describió Platón.

Aunque lo más sorprendente era una colección de cuentas de cristal que se encontró en el lugar. Los cristales redondos estaban pulidos y tenían un agujero para meterles un cordón, como la joyería que conocemos hoy en día. Y las piedras eran las mismas cuya presencia sentía: cuarzos transparentes y lapislázuli; ambos tipos de cristal están relacionados con el incremento de las capacidades síquicas y de sanación. Además, había amatistas y cornalinas anaranjadas.

Hoy, el cuarzo se explota en todo el mundo, y el lapislázuli se encuentra en abundancia en el Mediterráneo, y vi ambas piedras físicamente incrustadas en toda la excavación de Akrotiri; sin embargo, la amatista y la cornalina no son originarias de Grecia. La amatista se encuentra en América del Norte, Reino Unido, América del Sur, India, Rusia y África; mientras que la cornalina se extrae en India, Europa Oriental, Perú, Reino Unido e Islandia. ¿Cómo llegaron la amatista y la cornalina a Santorín hace tanto tiempo? ¿Las importaron por barco o la masa de tierra se extendía desde Grecia hasta Egipto, permitiendo que se viajara a pie? ¿O las trajeron de otra parte de la Atlántida?

Las cuentas redondas de cristales eran idénticas a las que se usan en las modernas "pulseras de energía", esas que se hacen con cuentas de cristal y resorte. Cuando observábamos los cristales, Steven y yo percibimos una enorme presencia atrás de nosotros; los dos volteamos, pero no había nadie. No obstante, sentí y escuché que la presencia decía: "La gente de la Atlántida es quien usa cristales en la actualidad; es la señal que les permite identificarse entre sí".

Esa noche fuimos al pueblo de Oia para cenar con el Dr. Chronis y con Andres después de la puesta del sol.

En Oia había villas y tiendas más nuevas y más lujosas que en el resto de los pueblos de Santorín; se ubicaba en un cabo, lo que lo convertía en el lugar perfecto para ver el crepúsculo. De hecho, al atardecer cesaba toda actividad en Oia porque la gente se reunía para observar los intensos colores de la caída del sol. Recordé el mensaje de los ángeles sobre la importancia de ver el atardecer para activar los chakras para las horas de la noche y sueño. Era muy relajante mirar cómo se hundía el sol en el océano y dejaba al cielo encendido, que se fundía con los colores del crepúsculo.

Cuando la última marca de anaranjado se transformó en azul oscuro, Steven y yo nos dirigimos a pie al Café Oia. Igual que en muchos restaurantes de la isla, la mayoría de las mesas estaba en el patio, al aire libre.

Chronis y Andres llegaron justo cuando acabábamos de sentarnos. Luego de intercambiar cálidos saludos y abrazos, comentaron sobre un paciente al que le habían hecho una visita a domicilio. Éstas eran comunes para los médicos, según la movilidad del paciente y la disponibilidad del transporte. Si el paciente no podía ir al consultorio, Chronis y Andres lo o la visitaban.

—¿Cómo te limpias después de ver a un paciente? —Pregunté.

—Me lavo las manos con aceite de oliva —Chronis respondió de inmediato. Di un grito ahogado al escucharlo mencionar una práctica que había visto en la regresión de la noche anterior. Yo sabía que el aceite de oliva se usaba para cocinar, y ahora un médico me decía que lo usaba de la misma manera que había visto que otros sanadores y yo misma lo utilizábamos en el templo de sanación de la Atlántida. Recordé el estudio científico que relacionaba la longevidad con el consumo de aceite de oliva. Parece que tiene propiedades mágicas y quizá por eso las ramas de olivo se asocian con la paz.

PUESTAS DE SOL Y SOL

Con entusiasmo describimos que habíamos visto la puesta de sol, y aunque Chronis y Andres han presenciado miles de atardeceres similares, estuvieron pendientes de nuestras palabras. Era obvio que en Santorín no se cansaban de admirar las maravillas de la naturaleza.

—Además de relajante, la puesta de sol también es muy importante para la salud física y espiritual —dijo Andres—. ¿Recuerdas que te comenté que la luz dorada abre el tercer ojo? Bueno, la invocas meditando durante la puesta de sol, ya sea con recuerdos visuales o directamente.

Comenzaba a aceptar que recibía los mensajes de mis ángeles cuando estaba despierta para que les pusiera atención. ¿Por qué otra razón Andres repetiría las palabras que los ángeles de la Atlántida me dijeron para que recibiera la luz dorada y después colocara las manos en mi corazón?

Recordé el templo de sanación de la Atlántida que había visto en la regresión, donde la luz dorada del sol entraba por el agujero de la pirámide de cristal; la luz era intensificada por el mismo cristal y las oraciones de Hermes y de las sacerdotisas que atendían al "fuego sin llama" en el interior de la pirámide.

Debía consultar textos científicos para conocer la relación que existe entre la luz solar y la salud. No sabía si había información que demostrara los beneficios que el sol produce en la salud, o si lo único que los unía era el daño perjudicial que el sol produce en la piel y el melanoma.

CAPÍTULO 5

En Atenas

Nuestras vacaciones en Santorín se terminaron muy rápido, y era hora de viajar a Atenas para reunirnos con mis editores griegos y presentar mi taller.

Cuando nos dirigíamos al hotel de Atenas, que estaba junto a la playa, en las paredes de la autopista había mensajes pintados con aerosol rojo que decían: "¡Asesinos, váyanse a casa!". Le pregunté al conductor a quién se referían los mensajes y con solemnidad respondió que a los estadounidenses. Tragué saliva. A pesar de las protestas mundiales, acababa de empezar la guerra en Iraq. En nuestros viajes, casi siempre nos preguntaban por qué el pueblo estadounidense le "permitía" al presidente Bush iniciar conflictos armados. La gente no sabía cuántos compatriotas míos se habían unido a otros países para protestar en contra. Mentalmente oré para que los griegos perdonaran y no juzgaran a los estadounidenses.

George Kelaiditis y Charitini (se pronuncia *Har-i-tini*) Christakou, nuestros editores en Grecia, nos recibieron en el lobby del hotel. En cinco minutos, me di cuenta de que a George y a Charitini les interesaban los temas de la Nueva Era, cosa que no siempre sucede con los editores. Charitini había sido abogada y George, su pareja, era ingeniero. Cansados de sus profesiones convencionales, decidieron publicar en Grecia los libros *Kryon* de Lee Carroll; eso los llevó a buscar, traducir y publicar más libros de temas similares.

Charitini me dijo que estaba escribiendo un libro sobre los recuerdos de su vida en Lemuria.

—Cuando estaba traduciendo tu libro *Healing with the Fairies,* me impresionó lo que escribiste sobre la gente del mar —dijo—. Y en tu libro *Earth Angels*, cuando mencionaste que algunas personas son sirenas, tritones, ángeles de mar y hadas de mar encarnados, ¡de repente todo me quedó claro! Creo que los lemurianos somos la gente del mar y que tomamos la apariencia de delfines y humanos.

—Y los ángeles de mar se parecen a los delfines, a los humanos y a los ángeles —añadí.

—¡Sí! —dijo Charitini— De eso estoy escribiendo en mi libro sobre Lemuria.

—También desarrolló una nueva forma de energía Reiki que se basa en sus recuerdos de la gente de mar en Lemuria—agregó George—. Se llama Reiki de mar.

—Ya siento sus propiedades acuáticas —respondí. De inmediato, se creó un lazo entre nosotras, pues yo también tenía recuerdos de la antigua tierra tropical de Lemuria. Cuando compartí mis estudios sobre la Atlántida con ella, me dijo que había llegado al lugar correcto.

—Contratamos un guía de turistas especial para que mañana les enseñe el Partenón y las áreas aledañas —explicó Charitini—. El hombre es síquico, historiador y escritor; es la persona perfecta para que les hable de los significados espirituales que hay detrás de los monumentos históricos de Atenas.

DE COSTA A COSTA

A la mañana siguiente tenía cita para una entrevista telefónica en el programa de radio estadounidense *De costa a costa* (conducido por George Noory de lunes a viernes, y por Art Bell los fines de semana). Estaba contenta porque iba a salir en ese famoso programa, sobre todo porque por el cambio de horario en Grecia mi entrevista sería a las ocho de la mañana, y no a media noche si hubiera sido en vivo en Estados Unidos. El tema a discutir era mi libro *Los niños de Cristal*, que habla sobre los sensibles niños síquicos que con frecuencia son mal diagnosticados como autistas, cuando en realidad son telepáticos.

A las ocho, me senté junto al teléfono. Medité, oré y me preparé para la entrevista; pero el teléfono no sonó. Estaba acostumbrada a que los productores llamaran diez minutos después de la hora para que se transmitieran los cortes informativos, por eso no me preocupé. Pero cuando pasaron veinte minutos y no llamaron, supe que algo andaba mal.

"Arcángel Miguel, por favor, corrige las fallas o los errores cometidos en esta situación", le pedí. "Por favor, ayuda al productor del programa de radio para que se comunique conmigo". Unos minutos después, sonó el teléfono. Resultó que el telefonista griego del hotel, que no hablaba mucho inglés, no me encontraba en la lista de huéspedes, pero el tenaz productor de *De costa a costa* no colgó hasta que me encontró.

Mi mamá estaba escuchando el programa en vivo (para entonces mi papá se había quedado dormido, pues era la una de la mañana en California, donde residen); se asustó mucho cuando George Noory dijo drásticamente al inicio del programa:

—No encontramos a nuestra invitada de esta noche, Doreen Virtue. Lo único que sabemos es que se encuentra en algún lugar de Grecia, y ya saben cómo está el Medio

Oriente en este momento. Después de todo, Grecia es vecina de Turquía... —Mi madre casi se muere del susto cuando escuchó esto y empezó a rezar. Sin duda, sus oraciones y las mías ayudaron al telefonista griego del hotel a encontrar mi nombre y número de habitación.

Después de la entrevista de tres horas, Steven y yo bajamos al lobby del hotel para iniciar nuestro recorrido por el Partenón. Con mucho gusto, saludamos con un abrazo a dos amigos y angeloterapeutas de Texas, Ferry y Savroula 'Stav' Stefaniak, quienes nos acompañarían a conocer el Partenón y en mi taller de ángeles. Los conocí en 1998, cuando participé en la Conferencia de Trabajadores de la luz Universales, en Houston. Mi mamá, que había viajado conmigo, creó un lazo instantáneo con Jerry gracias al interés que ambos compartían en *Curso de Milagros*. Jerry y Stav, psicoterapeuta titulada, dieron talleres de ese libro, y Jerry era autor de dos libros sobre el tema, incluyendo uno titulado *Compassionate Living*.

Stav nació en Chipre, así que hablaba el griego con fluidez. Unos meses atrás, Stav y yo platicamos durante un curso de angeloterapeutas (ella era una de las maestras) y se ofreció a viajar a Grecia y fungir como intérprete en mis talleres. Presentí que la prestación de este servicio sería buena para el público, y así Stav volvería a su tierra natal.

Los cuatro nos metimos apretados en un taxi y nos dirigimos al Partenón; treinta minutos más tarde, Steven carraspeó y dijo en voz alta:

—¡Qué maravilla!

—¿Qué? —Pregunté porque no veía nada. El taxi dio la vuelta en otra esquina y dije lo mismo que Steven—: ¡Qué maravilla!

Allí, frente a nosotros, estaba el Partenón. Aunque había visto infinidad de fotografías, ilustraciones y videos de la estructura, me quedé sin aliento cuando la vi en persona. El sol iluminaba sus pilares con luz dorada y prácticamente escuché el canto de los ángeles mientras nos acercábamos. Todos teníamos mucha hambre, ya era la hora de la comida, pero estábamos demasiado emocionados como para detenernos a comer.

EL HISTORIADOR SÍQUICO

Mientras Steven nos traía una barra de granola para entretenernos durante el recorrido, observé a la multitud que estaba cerca de las puertas. Charitini y George fueron para presentarnos personalmente a nuestro guía de turistas, pero la presentación no era necesaria, lo hubiera reconocido en un estadio lleno de gente, pues su aura y personalidad brillaban con intensidad; también traía puesta una camisa morada que decía a gritos: "¡Soy de la Nueva Era!"

Me hizo prometer que no usaría su nombre verdadero en ningún material escrito, y en honor a mi promesa decidí llamarlo Nicolás, con la esperanza de que algún día se identifique públicamente. Nicolás temía que la información que estaba a punto de compartir conmigo lo pusiera en peligro, en lo profesional y en lo personal.

Era un hombre lleno de energía que hablaba con un acento nasal muy exagerado que me recordaba a 'Latka', el personaje de Andy Kaufman en la serie de televisión *Taxi*. La riqueza de sus conocimientos sobre la historia y la espiritualidad de la antigua Grecia fluían más rápido de lo que yo escribía en mi cuaderno. Muchas veces, cuando no entendía su inglés, él tomaba mi libreta y anotaba sus palabras, al tiempo que las repetía verbalmente.

Nicolás vivía cerca del Partenón y había pasado muchos años recorriendo el lugar, meditando y recibiendo mensajes síquicos; también estudió textos antiguos que hablaban de su historia y leyendas. Además, era autor de varios libros sobre antiguos personajes griegos; escribió uno sobre su vida pasada, pero como texto histórico.

A Nicolás lo apasionaba la diosa griega Atenea; la ciudad recibió su nombre en honor a ella. Yo trabajaba con Atenea desde que escribí mi libro *Archangels & Ascended Masters*, pero ese día inicié una relación aún más profunda con ella.

—Partenón significa "Templo de la Virgen" y es el templo de Atenea —explicó Nicolás cuando recorríamos la plataforma que está debajo del Partenón—. Casi toda la gente dice mal el nombre de Atenea, marca el sonido "te" cuando la pronunciación correcta es "Ate-Nea", con énfasis en la última sílaba.

Aprendería mucho de Nicolás. Transcribía rápido sus palabras mientras intentaba seguir su apresurado paso. Steven, Jerry y Stav se rezagaron, indecisos entre participar en nuestra clase o disfrutar de un andar más lento.

—¿Ves esa "esta-tu-tía"? —Nicolás señaló.

—¿Está tu tía? —Pregunté.

—No, no está tu tía —dijo— sino *estatútia*.

Después de muchos más intentos, Stav intervino y me explicó que quería decir "estatua"; el fuerte acento griego de Nicolás me indicaba que debía poner más atención. Le pedí a mis ángeles que me ayudaran a escucharlo bien, y al poco tiempo sus palabras me parecían normales.

—Atenea es la diosa de la sabiduría —dijo Nicolás—. Sus símbolos son el olivo y la paloma negra. Mucha gente cree que su animal es el búho, pues representa a la sabiduría, pero no, es la paloma negra —señaló a las numerosas palomas negras que estaban alrededor del Partenón—. Las palomas blancas significan paz y las negras simbolizan la sabiduría —añadió.

Me enseñó un antiguo grabado de palomas negras en un muro que estaba abajo del Partenón. Cuando lo toqué, me transporté a otra época. Las zonas aledañas al Partenón que eran color marrón y estaban polvorientas se transformaron en un colorido jardín. Como uniendo el pasado con el presente, una mariposa se posó por un instante en mi mano.

—Los antiguos construyeron una pirámide etérea sobre el Partenón —dijo Nicolás señalando hacia la parte superior de éste —para evitar que las aves aterrizaran en él; para los pájaros la red de energía es una estructura sólida. Bautizaron a la pirámide como *aornos petra* o "piedra sin pájaros", lo que significa que es un lugar donde las aves no vuelan. —Aunque vi docenas de palomas en el área, ninguna estaba cerca del Partenón. Y no había pájaros en el techo de la edificación, lo que había ayudado a la conservación de la antigua estructura.

LA SERPIENTE CÓSMICA

Nicolás señaló algunas estatuas de bellas mujeres.

—Ellas son las mujeres atenienses que mantenían viva la flama de la diosa y trabajaban en el templo del Erechtheion. Erechtheion era una serpiente que intentó hacerle el amor a Atenea, la embarazó sin tener relaciones sexuales y ella dio a luz siendo virgen al dios del metal.

La historia de la serpiente y del nacimiento virginal me sonó familiar. Nicolás me explicó su teoría.

—Los atenienses originales eran Gente Serpiente de las Pléyades. Luego, en el siglo VI a.C., los dioses del Olimpo cambiaron su ADN y los transformaron en personas bípedas. El proceso se concluyó en el siglo V a.C.

Sus palabras me recordaron el libro *La serpiente cósmica*, de Jeremy Narby, que Steven y yo acabábamos de leer. Narby, un antropólogo, descubrió que todos los indígenas tenían mitos, pinturas y dibujos en los que se representaba el origen de la humanidad a partir de las serpientes. Narby llegó a la conclusión de que estas antiguas creencias se referían al ADN de la serpiente, cuyos orígenes podrían ser extraterrestres; especuló que los pobladores originales de la tierra pudieron tener forma de serpiente y que en sus cuerpos portaban el ADN actual. En otras palabras, nuestros antepasados tenían en su interior nuestro ADN.

Conforme recorríamos el museo, vimos muchas estatuas de gente serpiente.

—La Biblia y otros textos han satanizado a las serpientes —dijo Nicolás—. Pero creo que en ellas está nuestro origen.

También vimos muchas estatuas de sirenas con cuerpos de serpiente, colas de sirena y torsos, brazos y cabezas humanas.

—El dios Poseidón realizó experimentos de ADN y creó muchas anomalías como gárgolas, sirenas, serpientes, centauros y monstruos marinos, pero Zeus puso un alto a esta práctica —comentó Nicolás. Recordé los muchos grabados de sirenas y tritones que había visto en Santorín—. En Grecia, la gente del mar se conoce como *gorgonas* —añadió—. Hace 300 años —continuó— los pleyadianos, también conocidos como *anunakis*, que significa "aquellos que vinieron del Cielo a la Tierra", llegaron a este planeta. La serpiente, o el cuerpo original de los pleyadianos, es ahora nuestra columna vertebral, ADN y energía kundalini. El cuerpo humano tiene la forma de los dioses y de los ángeles; por lo tanto, los humanos representan la unión del ángel y la serpiente, o de un ser superior y uno inferior. Los humanos deberían tener doce hileras de ADN, o seis pares. Pero invasores hostiles y dominantes trabajaron en ingeniería genética para que no pudiéramos comunicarnos con una autoridad superior, dejándonos con la actual hilera doble de ADN —me explicó Nicolás—. La maldición que los invasores echaron a nuestro ADN se suspenderá al cabo de 300,000 años, es decir el 21 de diciembre de 2012. En ese momento, recuperaremos los otros cinco pares de ADN.

Pensé en el calendario maya, que termina en 2012. Mucha gente cree que eso indica un futuro apocalipsis, pero los ángeles siempre me han asegurado que el 2012 es el fin de la *medida* del tiempo, no el final del tiempo en sí. Los ángeles dijeron que por usar relojes y calendarios nos quedamos atrapados en la ilusión tridimensional del tiempo. Cuando dejemos de medirlo mecánicamente, nos serán retiradas todas las limitaciones; podremos volver a tener acceso a nuestros poderes milagrosos.

—No tenemos que esperar hasta el año 2012 para volver a conectarnos con el resto de nuestro ADN —prosiguió Nicolás—. Ora a Dios, Espíritu, el Universo, Amor, como sea que llames al Primer Creador, pues hay otros creadores menores a los que no les agrada la superioridad de la raza humana. Por eso los trabajadores de la luz vinieron a la Tierra, para ayudar a los humanos a volver a conectarse con sus dones espirituales. Sólo ten la intención de conectarte con el Primer Creador y listo. Después, pide las doce hileras completas de ADN; en tres meses las recuperarás todas.

LA TUMBA DE ATENEA

Recorrimos el Partenón mientras absorbía las palabras del guía. Nicolás se detuvo.

—La tumba de Atenea está debajo de las estatuas de las atenienses —me informó; sus palabras me sobresaltaron. Igual que la mayoría de la gente, di por hecho que la diosa no tuvo un cuerpo mortal—. Atenea era una superpersona con cuerpo mortal —dijo Nicolás leyendo mi mente.

Me pregunté, *¿Ignatius Donnelly tendría razón?* Donnelly especuló en su libro de 1882, *Atlántida*, que los reyes, reinas, altos sacerdotes y altas sacerdotisas de la Atlántida salieron de allí antes de su destrucción y se dirigieron a Grecia, Roma, las tierras celtas y Egipto, donde se convirtieron en deidades por sus dones divinos. Donelly creía que los dioses y las diosas de esas culturas en realidad eran las personas de alto rango de la Atlántida.

Definitivamente estaba intrigada. Nicolás me acompañó a la tumba de Atenea y me di cuenta que estaba rodeada de alambre de púas y obreros.

—Están restaurando el Partenón para las Olimpiadas —me explicó.

Nicolás me condujo al sitio donde estaba la tumba de Atenea; levantó el alambre de púas y brinqué hacia abajo mientras Steven, Stav y Jerry observaban. Mi vestido largo se rasgó con el alambre, pero no me importó, pues la energía me atraía hacia la estructura en forma de caja.

—¡Oiga, no puede estar allí! —gritó uno de los obreros. Pero yo estaba decidida, era guiada de manera irresistible hacia la energía.

—No voy a tocar nada, y sólo será un momento —le prometí con toda la feminidad de la que pude hacer acopio.

Cuando los señores agitaron la cabeza y retiraron la mirada, mentalmente le pedí a Atenea que me mandara un mensaje. Escribí rápido cuando lo recibí.

"Las mujeres deben aprender a ejercer control sobre sus emociones", dijo con una voz dulce y tierna salpicada de sabiduría. "Las emociones son energías bellas, y sin embargo, deben dominarse y canalizarse de manera adecuada para guiar con éxito a esta tierra y a sus sagrados habitantes de regreso al orden".

La esencia femenina Divina está armonizando a hombres y mujeres por igual. La fortaleza de la mujer reside en su bondad y crianza, pero éstas empiezan a cultivarse en su yo sagrado".

En otras palabras, las mujeres necesitábamos ser iguales de generosas con nosotras mismas que con los demás.

Un fuerte sonido chirriante me sacó del trance. Un hombre uniformado, de cara roja, sopló un silbato y enojado me gritó:

—¡Salga antes de que la arreste!

Salí gateando de los alambres y dejamos el lugar aprisa.

—Es hora de ponernos nuestras capas de invisibilidad de Harry Potter —bromeó Jerry.

CAPÍTULO 6

Pitágoras y Hermes

Al salir del museo y mientras admirábamos la vista desde la colina, Nicolás me hizo una pregunta.

—¿Te gustaría saber cómo llegaron todas estas rocas a la montaña? —Cuando asentí, respondió—. Los antiguos eliminaban la fuerza de gravedad con el poder de la música; los sacerdotes usaban la vibración de ésta para hacer levitar las piedras. En una batalla entre griegos y persas, éstos se aprovecharon de que los griegos eran menores en número, de que traían muy pocos hombres y algunos barcos, y les cayeron encima; aun así, los griegos ganaron la batalla. ¿Cómo lo lograron? —Nicolás preguntó retórico—. Los griegos recurrieron a la música para hacer levitar las piedras, y a las flautas y a hechizos mágicos para encender fuego a las naves persas, y los derrotaron.

—¿Las teorías musicales de Pitágoras tienen algo que ver? —pregunté. Entonces, como si el universo me respondiera, tres mariposas pasaron volando, entrecruzándose en el aire. Lo tomé como una señal, pues en el griego clásico, la palabra *psique* significa *mariposa* y *alma*. Una creencia antigua decía que las almas se transformaban en mariposas mientras encontraban una nueva encarnación.

—Pitágoras era un *elohim* —dijo Nicolás—, un dios de la Atlántida que se convirtió en humano.

Aunque el filósofo griego Pitágoras es famoso por su fórmula matemática para encontrar la hipotenusa del triángulo rectángulo ($a^2+b^2=c^2$), su contribución al mundo fue enorme. Pitágoras nació aproximadamente en el año 580 a.C. en la isla de Samos, fue filósofo y maestro espiritual. Se dice que su nombre proviene de la palabra pitón, otra conexión con la serpiente primordial.

Cuenta la leyenda que Pitágoras aprendió muchísimo sobre viajes cuando fue con su padre a Egipto y la India. Luego de los disturbios políticos que hubo en Grecia y que ofendieron su moral, se fue al sur de Italia, donde fundó una escuela de misterio filosófica y espiritual. Los estudiantes con potencial eran investigados y observados durante tres años antes de permitirles el ingreso a la escuela. Los alumnos eran vegetarianos, hacían votos de silencio y se alejaban de la política. (La regla "abstenerse de los frijoles" hacía alusión al hecho de que en esa época la gente votaba con frijoles). Las personas de fuera atacaban a Pitágoras y a su escuela, y muchos de sus estudiantes fueron ejecutados por sus creencias; se dice que esos trágicos incidentes provocaron que Pitágoras se suicidara.

Varios años antes, tuve un sueño lúcido en el que mi abuelita Pearl me decía: "Estudia a Pitágoras". Seguí su consejo y descubrí que el filósofo griego creía que todo en el Universo era matemáticamente preciso, incluida la música. Pitágoras descubrió que ciertas notas y acordes ayudaban a sanar enfermedades específicas, por lo que la terapia con música empezó a utilizarse en los primeros hospitales griegos, bautizados en honor a Asclepio, el dios griego de la sanación. La investigación que realicé sobre Pitágoras me inspiró para explorar el campo de la numerología sagrada, lo que a su vez me llevó a estudiar y a utilizar el tarot. Cuando me di cuenta que muchos de mis pacientes se asustaban con los dibujos de esas cartas, decidí crear una baraja de adivinación con ángeles, sin imágenes desagradables; y así nació mi primera baraja, *Sanación con las cartas del oráculo de los ángeles*.

Como si eso no fuera suficiente, encontré dos libros sobre filósofos presocráticos con una referencia a Pitágoras que me dejó helada: "Heráclides de Ponto cuenta que Pitágoras decía que en alguna vida fue Etálides, hijo de Hermes". Hermes le dijo a Etálides que eligiera lo que quisiera, excepto la inmortalidad. Entonces, pidió que, vivo y muerto, pudiera conservar la memoria de cuanto sucediera; así que mientras vivió recordó todo, y aun muerto conservó los recuerdos. Después nació como Euforbo.

En los libros *Los primeros filósofos* y *Los filósofos presocráticos*, encontré esta referencia:

> *Euforbo decía que antes había sido Etálides y había recibido el don de Hermes; hablaba de los viajes de su alma y de sus migraciones, hacía recuentos de las plantas y las criaturas a las que perteneció, y describía lo que había visto en el infierno y las experiencias del resto de las almas que estaban allí. Cuando Euforbo murió, su alma se convirtió en Hermótimo, quien, queriendo dar fe de lo vivido, fue a Branquida, entró al santuario de Apolo y señaló el escudo que Menelao consagró allí...*
>
> *Cuando Hermótimo murió, se convirtió en Pirro, el pescador de Delos, y una vez más recordó todo, que había sido Etálides, Euforbo, Hermótimo y Pirro. Cuando Pirro murió, encarnó en Pitágoras y recordó todo lo que se acaba de mencionar.*

¡Allí estaba otra vez la relación con Hermes!

DE REGRESO A ASCLEPIO

—¿Quieres ir al lugar donde estaba el Hospital Asclepio y el templo de sanación? —preguntó Nicolás.

—¿Está aquí? —respondí con apremio y emoción.

—Está allá —dijo Nicolás, señalando la parte de atrás de la montaña del Partenón.

Nicolás nos dio un paseo largo y tranquilo, pero yo estaba ansiosa por llegar al lugar donde se encontraba el templo de sanación; nos detuvimos a un costado de la colina, donde las piedras y la basura se mezclaban con hierba seca.

—¿Qué ves aquí? —me preguntó.

Cerré los ojos.

—Veo que abajo de Atenas hay una segunda ciudad que resplandece con luz amarilla y blanca. ¡La ciudad es transparente y brilla!

—¡Exacto! —dijo Nicolás—. Debajo del Partenón hay túneles que llegan a una ciudad que está abajo de Atenas; tenemos prohibido hablar de ella porque el poder de esta segunda ciudad podría manipularse y usarse para destruir.

Había oído y leído sobre la "Teoría de la tierra hueca", que dice que seres muy poderosos espiritualmente residen en las profundidades de la tierra. Siempre lo consideré ciencia ficción, pero mi visión de la segunda ciudad *fue* muy real y espontánea, así que decidí no cerrarme al tema.

—Te enseñaré dónde están las entradas secretas —dijo Nicolás con un tono de voz muy bajo—, pero prométeme que nunca revelarás su ubicación.

Sin saber en qué estaba metiéndome y sintiéndome el personaje de una novela de espías, seguí a Nicolás hacia un túnel ubicado en el costado de la montaña.

—La Tierra Hueca tiene muchas entradas, ésta es sólo una de ellas. En toda Atenas hay pequeñas iglesias construidas al azar, muchas son más pequeñas que un baño público y no caben más de tres personas paradas hombro con hombro. Esos recintos se construyeron a propósito sobre las entradas de la Tierra Hueca para evitar que la gente las descubra.

Aunque las palabras de Nicolás sugerían que se trataba de una conspiración, las escuché muy atenta. Después de todo, es un hecho histórico que el cristianismo y el catolicismo adoptaron antiguas creencias y ceremonias paganas como la Ostara, que se convirtió en la Pascua, y la Navidad. Parecía que lo que Nicolás decía era verdad, así que seguí escuchando.

—Cinco o seis razas de seres viven en la Tierra Hueca, incluyendo duendes, hadas, atlantes con conocimientos sobre alta tecnología, y extraterrestres, que no son pleyadianos —pensé que esto era parte de la historia *El señor de los anillos* y rechacé de inmediato las palabras de Nicolás. Pero cuando reconsideré, comprendí que quizá *El señor de los anillos* tiene fundamentos históricos. Una vez más, decidí permanecer abierta a los conceptos.

—Quienes saben de la Tierra Hueca celebran una fiesta anual en la primavera que se llama *Kalikantzaroi*, como muestra de respeto a los seres que residen allí. La ceremonia honra a los elfos y a otros seres; podría decirse que es como un festejo del Día de muertos, para venerarlos.

Parados frente al túnel, Nicolás me explicó que la persona que entraba dejaba de ser tridimensional y se convertía en tetradimensional; y que los túneles estaban conectados a las "líneas de luz", que son líneas de energía que cruzan la tierra.

—Ayer, cuando meditaba, tuve la visión de que entraba a un túnel como ése —dijo Stav viendo al túnel.

Finalmente, después de lo que me parecieron siglos, llegamos a donde estaba el templo de sanación.

—Quítense los zapatos —ordenó Nicolás. Descalza sobre las piedras de la antigua Atlántida, sentí cómo la energía entraba por mis pies; la reconocí como energía kundalini y me recorrió desde el chakra raíz hasta el de la corona.

Conforme caminábamos por el templo de sanación, comencé a llorar. Cuando me paré en el sitio, que estaba cubierto por muros de piedra y cimientos en ruina, me transporté en el tiempo. Los jardines estaban llenos de flores y parras, y cantaban coloridos pájaros. El templo de sanación se ubicaba en la base de la montaña, exactamente como lo vi en la regresión en Skaros.

—Éste es uno de los templos de sanación de la Atlántida —dijo Nicolás—. Tiempo después, el Hospital Asclepio se construyó en este lugar. En la época de la Atlántida, sacerdotisas vírgenes hacían sanaciones con ceremonias, pirámides, luz, color y aceite de oliva.

Escalofríos recorrieron mi cuerpo cuando Nicolás describió con exactitud lo que vi en la regresión a mi vida en la Atlántida.

—¿Cómo sabes eso? —pregunté intrigada.

—Fui un alto sacerdote del templo de sanación —respondió tranquilo. Me le quedé viendo; con razón lo reconocí de inmediato. Y por eso muchas de sus acciones me agradaban y otras me molestaban, ¡después de todo *era* la misma alma!

—Luego de vivir en la Atlántida, me convertí en el poeta épico Omiros —dijo Nicolás—. Los sacerdotes me dejaron ciego como castigo por traicionar los secretos sagrados en mis escritos.

Omiros era el nombre griego del poeta Homero, quien escribió *La Iliada* y *La Odisea.* Estos libros contienen mucha información sobre la filosofía griega, así como datos sobre dioses y diosas. Entonces comprendí por qué Nicolás no quería que supieran que era él quien estaba dándome esta información esotérica. Su alma recordaba el dolor que le provocó perder la vista por dar a conocer los secretos espirituales, y muy en el fondo temía que algo así volviera a suceder.

Le dije a Nicolás y al resto de los miembros del grupo que necesitaba unos momentos a solas, así que me dirigí a la esquina del jardín del templo de sanación y me senté con mi libreta de notas. Lo siguiente que supe es que me transporté en el tiempo y escribí esto:

Estoy en el templo de sanación, siento que me invade un profundo amor. La esencia de la sanación es comprender y sentir compasión por el sufrimiento y la desdicha del otro; es conectarse con la persona enferma a través de su dolor y levantarla. No puedes levantarlo si no te conectas primero con él en su realidad. Deja que la disfrute por un momento y después levántalo como una madre cariñosa levanta y consuela a su hijo en llanto.

Escribí y pensé: *Aquí hay muchos fantasmas de mi pasado.* Me fui triste porque la hierba seca y los árboles sin color reemplazaron a la antigua belleza de esas tierras. Pero las oraciones del templo de sanación estaban tan compenetradas con la tierra, que nunca desaparecería la verdadera belleza. El amor impregnado en las piedras de la Atlántida era profundo, duradero y real.

Tuve visiones de dragones y hombres bestia gigantes paseando por la Atlántida, y descubrí que la Esfinge de Egipto era una copia de ellos. La cultura de la Atlántida se extendió mucho, abarcando Grecia, Italia, Egipto y posiblemente Indonesia, América del Sur y México. Cuando la Atlántida se hundió, sus habitantes emigraron a esas tierras y expandieron su sabiduría, leyendas y conocimientos.

Vi al Minotauro, el mitad hombre y mitad toro de la leyenda. ¡Era real! Recordé los cuernos de toro esculpidos en los edificios de las ruinas de Akrotiri, y también me acordé de lo que Platón escribió sobre los toros en las calles de la Atlántida y de cómo los sacrificaban para complacer y apaciguar a los dioses.

EN LA LUZ

Cuando regresé al presente, Stav, Jerry, Nicolás, George, Charitini y yo, formamos un círculo alrededor de lo que fue el templo de sanación y nos tomamos de las manos. Pedí a mis amigos que me ayudaran a recrear lo que había visto en la regresión a mi vida pasada: Nos colocamos en círculo alrededor del lugar donde alguna vez estuvo la pirámide de cristal y juntos dirigimos las manos hacia su luz; la recibimos y luego pusimos las manos en nuestros corazones.

El ojo que estaba en el centro de la pirámide era un torbellino de amor; era una representación multidimensional de la unidad del yo superior con Dios. Recordé la regresión en la que descubrí que la luz provenía de Hermes. Vi que la luz de Hermes salía de un vórtice subterráneo de energía; una línea que pasaba por debajo de la tierra llevaba la luz al fondo de la pirámide, y el sol entraba por la parte superior de ésta. Ambas luces se encontraban en el centro, donde el ojo azul observaba holográficamente en todas direcciones.

Cuando comparamos lo que habíamos visto, el común denominador de nuestras visiones fue que una luz blanca como la leche bañaba a la pirámide. Esto me recordó algo que Andres dijo cuando estuvimos en Santorín: la luz blanca *era* la leche del Universo. Por mi experiencia sabía que la luz blanca era una entidad inteligente, amorosa y viva. Cuando envolvíamos a nuestro ser, a nuestros seres queridos, o a nuestras pertenencias con luz blanca, invocábamos a los ángeles. La luz blanca era nuestra verdadera esencia y sustancia, ella y el amor eran las bases de la vida.

Después se me ocurrió que si la teoría de Nicolás respecto a que las serpientes se fusionaron con los ángeles era cierta, éstos representaban al amor y las serpientes a la luz. Después de todo, la serpiente era un ser con vibración que requería sol y calor para existir, y los ángeles eran seres puros de amor. Quizá por eso luz más amor, nuestro origen, daba como resultado la sanación. Éramos luz más amor, y lo que éramos ya estaba sano, completo y perfecto en todos los sentidos. Cuando invocábamos la luz y el amor, realmente estábamos invitando a nuestros seres superiores para que vinieran y ahuyentaran la enfermedad y oscuridad, que son ilusiones.

Nicolás se sentó junto a Steven y a mí; le conté mi visión del Minotauro caminando en el templo de sanación.

—En la isla de Creta —dijo Nicolás—, que estaba regida por el rey Minos, había una criatura conocida como el Minotauro. El pueblo de Minos veneraba al toro como símbolo de la diosa luna, pues la luna creciente tiene la forma de los cuernos del animal. El tocado de la diosa griega Isis tenía cuernos de toro porque ella también estaba relacionada con la media luna.

Me pregunté si además del poder atribuido a las lunas llena y nueva, la media luna tenía algún poder secreto que yo debiera conocer, sobre todo porque siendo una mujer Tauro estoy astrológicamente conectada con el toro. Después descubrí que la media luna creciente, cuya forma en U simboliza a los cuernos del toro, es un símbolo de poder. Los nacidos bajo el signo de Tauro avanzan sin miedo hasta lograr sus objetivos, como lo haría un toro. Los cuernos del toro y las lunas crecientes cosechan los frutos de las manifestaciones, como una pala que levanta objetos.

Las palabras de Nicolás me recordaron cómo se han satanizado los símbolos de las diosas; por ejemplo, los trece ciclos anuales de la luna han provocado que el número trece se considere de mala suerte; al año, las mujeres tienen trece ciclos menstruales. ¿Por eso los toros, símbolos de la luna y de las diosas, eran sacrificados en la Atlántida? ¿Hasta *esa* avanzada sociedad le temía al poder de las mujeres?

—La Atlántida tenía un sistema numérico que se basaba en el trece —explicó Nicolás cuando comenté mis pensamientos—. Como sabes, el trece es el número de lo femenino, hay trece universos, y el funcionamiento de las computadoras de la Atlántida se basaba en trece dígitos.

—Así que la Atlántida estaba más a favor de las mujeres que nuestro sistema actual, que excluye al número trece de los pisos de los hoteles

—En el templo de sanación —continuó Nicolás—, ustedes las sacerdotisas cantaban para abrir energéticamente los vórtices —y entonces empezó a cantar la misma canción que yo entonaba en la regresión a mi vida en la Atlántida. Steven y yo volteamos a vernos, impactados por la sorpresa de recibir otra evidencia que corroboraba la realidad de mi regresión.

—No enseñes la canción a quien pueda hacer mal uso de ella —me advirtió Nicolás—. Podrían descubrir poderes que dañarían a muchos seres en varias dimensiones —después sonrió y añadió—: Sin embargo, en general cantar es muy bueno para todos, y definitivamente beneficia a nuestro don de sanadores.

Esa noche, cuando Steven y yo observábamos la puesta de sol desde la habitación del hotel, los ángeles se comunicaron conmigo: "Mirar el atardecer no sólo produce agradables sensaciones por su colores bonitos; al descender, el sol te baña con luces de colores que activan tus chakras menores, los que te ayudan a conectarte a la tierra. Por eso al inicio de la noche, los humanos realizan actividades para relajarse como comer, beber y tener relaciones sexuales. Si se bañan con la luz de la puesta del sol, activan de manera natural la vía para anclarse a la tierra. Es muy importante observar los crepúsculos y salir al exterior para recibir su luz, o cuando menos pararse junto a una puerta o una ventana abiertas para que se reciba la luz directamente, sin que el vidrio actúe como filtro".

La luz de la luna y de las estrellas activa los chakras de la noche al nivel del aura, incluyendo los chakras del tercer ojo y de la garganta, que son parte de este campo y se utilizan para la sanación en las horas de sueño. En este proceso se incluye la recepción de instrucciones síquicas durante el sueño. La luz del sol naciente activa el chakra del corazón, despierta a la energía y a los sentidos síquicos para la intuición durante el día. El sol mantiene a los chakras mayores y menores en comunicación y sincronía".

Al escuchar las palabras de los ángeles, anoté mentalmente que debía investigar más a fondo los beneficios que el sol produce en la salud. Me pregunté: "¿Temer que el sol dañe la salud es una manera de inhibir nuestro poder?"

Pensé en la vida en las islas. Steven y yo pasamos mucho tiempo en las islas hawaianas y en las más pequeñas tuvimos la oportunidad de ver cómo el sol nacía y se hundía en las aguas del océano. El reflejo en el agua creaba impresionantes y coloridas puestas de sol, con anaranjados, rojos, rosados, morados y amarillos muy intensos y brillantes.

Tal vez por eso a tantos "niños de cristal" (bebés y niños sensibles y síquicos) les fascina la luna, el sol y las estrellas. Durante el proceso de la investigación que realicé para el libro *Los niños de Cristal*, infinidad de padres de familia me escribieron para contarme cómo sus pequeños pasaban horas viendo la luna. Una mujer dijo que la primera palabra de su hija fue *luna*, la cual pronunció cuando sacó a la niña al patio para que viera la luna llena.

¿Estar entre cuatro paredes, lejos de la luz natural, es una razón más por la que a los niños les desagrada la escuela? Estudios afirman que la intensidad de los focos de luz fluorescente que hay en los salones de clase comunes y corrientes produce ansiedad y problemas de concentración en la mayoría de los alumnos.

Recordé el curso Maestro Médium que hace poco di en un salón de clases nuevo; antes lo daba en el salón de un hotel con poca luz natural, pero me cambié a un hotel en el que el salón está rodeado de vidrios de piso a techo con vista al mar. Casi siempre abríamos las puertas para que entrara el aire y no prendíamos las luces porque el sol iluminaba muy bien el lugar.

Al final del día la diferencia en mi nivel de energía era impresionante; antes me sentía cansada y vacía al terminar la clase, y ahora tengo energía y vitalidad porque estuve en una atmósfera llena de luz natural y aire fresco.

TÚNELES DE LUZ

Steven y yo dormimos profundamente esa noche. En la mañana, nos dimos cuenta que ambos habíamos soñado que volábamos, pero tuve otro sueño que me dejó pensando.

Estaba con Anita, mi mejor amiga de la infancia, y otras personas que no reconocí. Todos estábamos molestos porque el desagüe de las casas y de la ciudad estaba tapado. Valientemente, Anita se ofreció como voluntaria para entrar a la cañería y destaparla.

Nos quedamos muy preocupados cuando bajó. Unos minutos después, Anita salió llena de felicidad y con una enorme sonrisa en la boca; no estaba mojada ni sucia.

—¡Allá abajo hay una ciudad! ¡Es la más bella que he visto! —exclamó.

El sueño fue la señal de que debía poner más atención al simbolismo de los túneles que me enseñó Nicolás. Pensé en la analogía que existe entre los túneles y las serpientes de las que habíamos hablado, pues éstos tenían forma de serpiente.

Mi mente regresó a una visión que tuve en 1996. Estaba dando una clase de desarrollo síquico y mientras los alumnos hacían interpretaciones unos a otros, cerré los ojos y me transporté en el tiempo. Vi la tierra antes de que la habitaran los humanos; había agua en todas partes y yo sabía que estaba flotando en la superficie. Me di cuenta que no era bípedo, sino una criatura en forma de tubo, un gusano.

—¿Se siente bien? —la voz de un alumno me sacó de la visión.

—Sí, estaba recordando una vida pasada —respondí.

—Pues no era muy agradable —dijo el alumno—. Por la expresión de su cara parecía que le dolía algo.

Jamás olvidaría las imágenes ni las sensaciones de esa visión. Sentada en el balcón del hotel de Atenas viendo al mar, pensé: "Quizá las serpientes y los gusanos no fueron los primeros habitantes de la Tierra, sino los canales etéreos, los túneles que la gente ve cuando experimenta la muerte, o está cerca de ella. Esos túneles comunicaban al mundo material con el espiritual".

Después de todo, ¿no nacimos por el canal vaginal? Al nacer, el cordón umbilical se corta y es reemplazado por uno plateado, que une al alma con el cuerpo físico. Gran parte de mi trabajo de sanación espiritual está relacionado con el corte de cordones etéreos, que son pensamientos de miedo.

Esos túneles etéreos se calcificaron hace millones de años y se convirtieron en la esencia original de lo que hoy es nuestra columna vertebral, los troncos de los árboles y los tallos de las plantas, el Árbol de la Vida literalmente. Es posible que el desagüe de mi sueño fuera una representación del origen de la vida, igual que los túneles que llevan a la Tierra Hueca en Atenas.

Me pregunté: "¿Nuestra columna vertebral es un túnel que viaja hacia nuestra ciudad de luz interna? ¿Es un puente al reino interior, al Cielo? ¿Por eso cuando meditamos muchos de nosotros sentimos piquetes en la espalda, sensación que se conoce como energía kundalini?"

¿Eso significa que los problemas de espalda son bloqueos espirituales? Empecé a visualizar que enviaba luz a mi columna vertebral, y ya nunca dejé de hacerlo; antes sólo mandaba luz al centro de mi cuerpo.

¿La columna vertebral podría representar el cuerpo de la serpiente y su cabeza sería nuestro cerebro de reptil, también conocido como bulbo raquídeo? Éste aún funciona con antiguos instintos, como el de proteger al cuerpo atacando a los depredadores. Y si fuera cierto que nuestra esencia de serpiente se fundió con la esencia superior de un ángel, ¿aun así necesitamos el instinto de atacar para protegernos? Me acordé de las veces que me portaba agresiva con la gente y después me arrepentía. ¿Era ése mi conflicto "ángel" y "demonio", según lo representaba la mitología? ¿Por eso se considera un insulto que te llamen "víbora" o "gusano"?

Quería saber si podíamos ignorar los instintos y recurrir a nuestros ángeles cuando nos sintiéramos amenazados. Recordé los estudios científicos realizados con monjes budistas, cuyos signos vitales no se alteraban cuando estaban sometidos a estrés. Los científicos llegaron a la conclusión de que la práctica de la meditación había producido en los monjes un estado mental imperturbable. Tal vez todos podríamos alcanzar estados de paz similares a través de la continua meditación.

EL TIEMPO NO IMPORTA

Durante mi estancia en Santorín aprendí que los griegos se tomaban las citas y el tiempo con calma. Según los ángeles, ésa era una actitud sana porque la medición del tiempo nos dejó atrapados en limitaciones tridimensionales.

En Atenas, mi taller estaba programado para el sábado a las nueve y media de la mañana, en un lugar ubicado a quince minutos de distancia del hotel, por lo que Steven y yo nos sorprendimos cuando George dijo que el auto que nos llevaría pasaría por nosotros a las nueve treinta. En respuesta a nuestra pregunta no formulada dijo que en Grecia los talleres nunca empiezan a tiempo.

A la mañana siguiente, Stav, Jerry, Steven y yo esperamos al auto en la entrada del hotel; llegó a las nueve treinta y cinco. A Steven le incomodaba llegar tarde porque para él era importante cumplir con los compromisos; siempre he admirado su integridad en ese sentido. Yo estaba más relajada y me dediqué a comparar las diferencias culturales de Grecia con otros lugares en los que había dado cursos.

En el camino, vi infinidad de carteles que anunciaban Nescafé y diferentes marcas de cigarrillos. Igual que muchos europeos, los griegos estaban encadenados al cigarrillo. Por supuesto, cuando llegamos al lugar, el auditorio estaba vacío y los aproximadamente 300 asistentes estaban en la cafetería fumando y tomando café.

"¿Cómo voy a enseñarles desarrollo síquico si los bombardean con estimulantes?" Estaba preocupada, pero le entregué el miedo al arcángel Miguel para que se deshiciera de él.

George anunció que iba a iniciar el taller, y me acompañó a una oficina para que dejara mis artículos personales; ya eran las diez y diez y nadie se había quejado por el retraso del evento.

En una cabina en la parte superior del auditorio, un hombre y una mujer traducían mis palabras. Tres cuartas partes del público, que no hablaban inglés, escuchaban la traducción al griego a través de un audífono. La traducción se hacía casi simultáneamente a mis palabras, así que tenía que hablar más despacio que de costumbre, pero eso no impidió que lo hiciera sin parar. Esto contrastaba con las conferencias que di en Alemania el año anterior, a donde viajé con una intérprete de nombre Angelika. Nos turnábamos para hablar; yo decía algo en inglés, me callaba, y Angelika traducía mis palabras en alemán. Este método de interpretación requirió el doble de tiempo, sobre todo porque mucha gente bilingüe que se encontraba en el público discutía con Angelika por su traducción de las palabras.

Los miembros de la audiencia eran personas encantadoras, y realmente abrieron su corazón para ver y escuchar los mensajes de los ángeles a lo largo del día. Cuando se juntaron en parejas y los guié paso a paso para realizar la interpretación de los mensajes psíquicos de los ángeles, noté que la alegría, la fe y el amor de sus corazones produjeron interpretaciones exitosas.

Stav y Jerry me ayudaron con quienes tenían preguntas, y Stav se ofreció para realizar interpretaciones privadas después del taller, por una pequeña tarifa. Su agenda se llenó de inmediato, y docenas más de gente querían sesiones; entonces Jerry, que no hablaba griego, convenció a un intérprete para que lo ayudara a realizar interpretaciones de ángeles. ¡Stav y Jerry tuvieron citas durante tres días! Trabajaron duro y las sesiones exigieron mucha dedicación de su parte, pero aun así sentí que ésta era una manera importante de que Stav volviera a su tierra natal. Algo estaba sanándose en el interior de ella.

Steven y yo volvimos al hotel a tiempo para salir a ver la puesta de sol y disfrutar de nuestra última noche en Grecia; a la mañana siguiente volamos a Londres, donde impartiríamos más talleres y visitaríamos librerías. Steven llevó al viaje su *didgeridoo*, un instrumento de viento australiano hecho con ramas de árbol huecas.

Steven transportaba el instrumento en un maletín negro, y los guardias de seguridad del aeropuerto siempre nos preguntaban por el contenido de la maleta. Y el aeropuerto de Grecia no fue la excepción, cuando los oficiales preguntaron qué era, como de costumbre respondí que se trataba de una flauta, una manera corta de explicar qué era el exótico instrumento a quienes no estaban familiarizados con él. Steven siempre me corregía diciendo que era un *didgeridoo*; le gustaba que el instrumento indígena se conociera en diferentes culturas. En un aeropuerto, los guardias le pidieron que lo tocara para demostrar que era un instrumento musical, y eso a él le fascinaba.

CAPÍTULO 7

La tierra del encantamiento

Cuando aterrizamos en el aeropuerto Heathrow, me emocioné porque pasaría unos días en Inglaterra, pues siempre me ha parecido una tierra mágica y encantada. Este país me recuerda a un libro de cuentos de hadas, con castillos, cisnes, sauces llorones, acres de vegetación, arquitectura ornamental, y hermosos jardines llenos de flores silvestres.

Megan Slyfield y Jo Lal nos recibieron en el aeropuerto, lo que era extraño un domingo en la mañana, cuando la mayoría de la gente está durmiendo. Y a lo largo del viaje, Megan y Jo demostraron el gran compromiso que tienen con los autores con los que trabajan.

La noche de mi primer taller, nos reunimos con Megan, Jo, Michelle Pilley y Emma Collins; desde hace mucho tiempo, Michelle estudia e investiga la Nueva Era. Pensé:

"Todo es perfecto cuando estoy en Inglaterra"; y entonces me pregunté: "¿Por qué sucede en algunos lugares y en otros no?"

Esa noche di una conferencia en la iglesia St. James, una antigua y bella estructura victoriana adornada con un órgano de tubo y balcones. El evento lo patrocinó Alternatives, una organización espiritual no lucrativa dirigida por tres hombres bondadosos: Steve, Tom y Richard.

Mi conferencia estaba programada a las siete de la tarde en punto, y como Alternatives tenía permiso de usar la iglesia sólo hasta las ocho y treinta, el taller debía empezar a tiempo. Dos minutos antes del inicio, Tom miró su reloj y comenzó con la cuenta regresiva de los segundos que lo llevaría al momento de presentarme con el público. ¡Qué contraste con la actitud despreocupada de los griegos!

No sabía si el soleado escenario de Grecia, en comparación con el cielo relativamente más oscuro del Reino Unido, marcaba la diferencia de actitudes hacia la puntualidad. Recordé que en Hawai las citas se realizaban de acuerdo con el "horario de la isla", lo que significaba que un compromiso a las tres de la tarde iniciaba a las cuatro y media. ¿El sol y el clima cálido provocaban una actitud más relajada hacia el tiempo? Y como los ángeles decían que la medición del tiempo producía limitaciones, ¿ése era uno de los beneficios del sol, según me lo habían comunicado los ángeles? El taller comenzó y terminó a la hora exacta, y todos fuimos felices.

La segunda semana, Steven y yo acordamos visitar Glastonbury, el mágico pueblo del sur de Inglaterra, con Michelle y Megan. Michelle conocía mejor la parte popular y espiritual de Glastonbury, así que ese día ella fue nuestro guía. En el camino, Michelle habló sobre las líneas de luz que atraviesan Inglaterra. Como mencioné en el capítulo anterior, las líneas de luz son líneas o redes de energía subterráneas que funcionan como líneas de poder espiritual.

—Hoy vamos a subir al Tor de Glastonbury —dijo Michelle. El Tor es una montaña que está en Glastonbury—. Allí hay una poderosa línea de luz que se extiende desde el monte San Miguel, en la península de Cornwall, hasta la iglesia de San Miguel, en la cima del Tor de Glastonbury. Todos los lugares sagrados dedicados al arcángel Miguel se ubican en una línea recta que llamamos "Línea del Ángel". La línea de luz de María se cruza con la de Miguel por debajo del Tor y se suma a su energía —explicó Michelle, quien continuó diciendo que la Línea del Ángel era recta y la de María tenía curvas, y se conocía también como "línea de luz serpiente".

¡Me sorprendió escuchar la referencia que volvía a unir a los ángeles con las serpientes! Y lo más interesante era que a los ángeles se les asociara con energía masculina y a las serpientes con energía femenina. Me recordó a la serpiente del Jardín del Edén que tentó a Eva, a quien se le culpó de la Caída.

—De hecho, hay dos caminos para llegar a la iglesia de San Miguel en el Tor de Glastonbury —Michelle dijo cuando compartí mis pensamientos con ella, Megan y Steven—. Uno es recto y más rápido, y el otro es en forma de serpiente, da la vuelta al Tor, es más largo y por lo general está reservado sólo para las mujeres; es una excelente oportunidad de subir al Tor meditando.

El tráfico iba a vuelta de rueda a causa de un choque de autos, y se detuvo por completo cuando las ambulancias y las grúas llegaron.

—¡Miren! —dijo Steven—. ¡Allí está Stonehenge! —La lentitud y el desviación del tráfico nos llevó frente al antiguo círculo formado por piedras; todos aceptamos que había una razón por la que nos había tocado tránsito lento, y ésta era que admiráramos y absorbiéramos la belleza de Stonehenge.

—Stonehenge está en la línea de luz de Miguel —explicó Michelle, y yo escribí sus palabras en el diario que empecé en Santorín. Estaba muy agradecida por la información que compartía.

LA ISLA DE AVALON

Cuando llegamos a Glastonbury, se aceleró mi respiración. Al darse cuenta, Michelle comentó:

—Por algo Glastonbury se conoce como el "chakra del corazón" del mundo, ¿no crees? —Era una tierra mágica, por eso Steven y yo la visitábamos cada año. En una iglesia antigua, medio en ruinas, conocida como la Abadía, había dos tumbas marcadas, lo que indicaba que el rey Arturo y la reina Guinevere estaban enterrados uno al lado del otro.

Con las cualidades místicas y románticas de Glastonbury y sus muchas maravillas naturales, era fácil imaginarse al rey Arturo, al mago Merlín y al arcángel Miguel. Cuenta la leyenda que la isla de Avalon, famosa por las historias de Arturo y el libro *The Mists of Avalon*, se localizaba en Glastonbury, justo detrás de la Abadía.

—Sí, el corazón se abre cuando estás en Glastonbury —acepté cuando entramos al estacionamiento de Chalice Wells, un jardín botánico con pozos naturales de aguas curativas. El tío de Jesús, José de Arimatea, trajo el Santo Grial a la isla de Avalon; cuando llegó a Glastonbury, plantó su bastón de madera en la tierra. Éste echó raíces en el sitio donde se ubicaba Chalice Wells y se convirtió en un espino que florece todos los años en Navidad. Este tipo de árbol (*Crateagus Monogyna Praecox*) por lo general se encontraba en Medio Oriente. Junto al Espino Sagrado nacían dos pozos, uno de agua rojiza llena de hierro y otro con agua transparente. Los visitantes beben agua de los pozos, famosos por sus poderes curativos.

Nos sorprendió ser las únicas personas en Chalice Wells, que por lo general está lleno de turistas y lugareños. Meditamos y disfrutamos de la belleza de los manantiales, las flores y la energía; para no romper la costumbre, bebimos de las aguas curativas del pozo rojo y del transparente.

Nubes que amenazaban con dejar caer una fuerte lluvia oscurecieron el cielo, así que decidimos visitar el Tor antes de que cayera la noche o lloviera. Como estaba empezando a lloviznar, optamos por tomar el camino recto hacia la colina. Los trabajadores cubrieron la iglesia de San Miguel con andamios para limpiarla y restaurarla, obstruyendo la imagen de la iglesia, pero su energía seguía siendo muy fuerte.

En la cima del Tor, fríos vientos nos empujaron hacia la iglesia. En el interior de ella, una trabajadora estaba en la parte más alta del andamio. Michelle y yo entramos a husmear.

—Perdón, pero nadie puede pasar —dijo la mujer. Percibí su femenino rostro y su cabello rizado debajo del casco.

—¿Podría curiosear un momento? —Michelle preguntó en mi nombre—. Es una escritora estadounidense y está haciendo una investigación sobre el Tor para su próximo libro.

La energía y sinceridad de Michelle acabó con la determinación de la trabajadora, y me hizo una señal para que pasara.

—Pero sólo un momento —advirtió.

Lo primero que vi fueron las esculturas del arcángel Miguel y de la diosa celta Brígida, con quien trabajo desde que la conocí, en mi primera visita a Irlanda. Brígida fue una agresiva y apasionada diosa protectora que la iglesia católica adoptó y santificó por un periodo corto. Yo siempre le decía a la gente que Brígida era el equivalente femenino de Miguel, su energía era tan caliente que hacía transpirar a las personas cuando estaba cerca. Brígida también tenía la capacidad, igual que Miguel, de infundir confianza y valor, y de proteger a quienes la invocaban.

Siempre asociaba a Brígida con Irlanda e incluso aquí, en la intersección de las líneas de luz de Miguel y María, lo adecuado era reconocer los aspectos masculino y femenino de la divinidad.

Después de un momento salí de la iglesia, por respeto a la trabajadora, cuya energía era definitivamente la de una diosa. Allí, bajo el casco, estaba la diosa protectora del templo.

Cuando salí, el aire levantó mi cabello y las páginas de mi diario. Sentí la presencia fuerte y afectuosa del arcángel Miguel, así que me dirigí a una esquina de la iglesia, a donde el viento no llegaba, y escribí sus palabras.

"Esta iglesia, que recibió su nombre en honor a mí, está construida sobre la energía de Avalon, donde alguna vez se ubicó el Palacio de sanación de Avalon. Yo soy el puente entre ambos mundos, introduzco las antiguas tradiciones de sanación a la cristiandad y a otras religiones, con un pie en la vieja dimensión que está justo debajo de los cimientos de las religiones organizadas, apoyándola con paciencia y sin juzgarla. Un pie en el antiguo mundo y uno en el nuevo, como un puente.

Las energías de sanación de Avalon siguen impregnadas en la corteza de esta tierra, y la energía se transfiere a los círculos curativos de piedra que se llaman Avebury y Stonehenge. Estas piedras llegaron a su ubicación actual desde la dimensión vibratoria de Avalon; sus moléculas se vibraron para transportarlas a través de procesos mentales de alta vibración.

Así como las capillas de Grecia cubren los vórtices de la Atlántida, la iglesia del Tor hace uso de antiguas energías. No es una conspiración; los masones, bajo la dirección angelical arcaica, construyeron esta iglesia para asegurar que se continuara orando en el lugar, pues las oraciones penetran al torrente sanguíneo de la tierra.

Las líneas de luz son las arterias que se conectan con los chakras de la tierra, como la serpiente kundalini se conecta con los chakras de tu cuerpo.

Apenas tuve tiempo de absorber las palabras de Miguel cuando empezó a llover y tuvimos que bajar corriendo de la colina. Metí el diario a mi chaqueta y lo apreté con fuerza para protegerlo de la lluvia.

VIBRACIONES DE ENERGÍA

A la siguiente semana, Steven y yo organizamos un viaje privado y minucioso a Stonehenge, en el que pudimos tocar las piedras y sentarnos cerca de ellas. Steven llevó su *didgeridoo* para tocar una melodía ceremonial durante la puesta del sol, y yo cargué con mi diario y muchas plumas para escribir mensajes y reflexiones.

Phillip, nuestro guía en Stonehenge, sabía mucho sobre temas de interés general y esoterismo. Nos explicó que originalmente cincuenta y seis postes de madera rodeaban las piedras de Stonehenge. El número era importante, pues era el doble de veintiocho, que representaba a los veintiocho días del ciclo lunar.

—Los historiadores estiman que los postes medían noventa centímetros, eran de roble y se usaban para calcular los ciclos de la luna para sembrar —dijo Phillip.

Eso me recordó mi vida en Babilonia como sacerdote/astrónomo, donde registrábamos el movimiento de las constelaciones usando como guía los pilares de nuestro templo.

—Trece líneas de luz diferentes se cruzan en Stonehenge —el guía continuó— y esto es importante porque hay trece lunas llenas al año. —¡Una vez más era evidente la energía lunar de la diosa!

Phillip nos enseñó que una piedra grande indicaba la posición en el cielo del solsticio de verano, y dos más pequeñas marcaban los equinoccios de primavera y de otoño.

—Se ha especulado mucho sobre la llegada de las piedras a Stonehenge —dijo Phillip—. Una leyenda cuenta que Merlín hizo volar las piedras desde Irlanda; las rocas azules de Stonehenge sólo se encuentran en Gales e Irlanda, cuando menos a 403 kilómetros de distancia. No existen rutas libres de obstáculos para traer las piedras hasta este lugar, pues hay muchas montañas y ríos entre Gales y Salisbury, donde se encuentra Stonehenge.

En el muro de entrada de Stonehenge había una imagen de cientos de hombres que luchan por jalar las grandes piedras con cuerdas. Las especulaciones sobre este sitio y las pirámides de Egipto se basaban en el concepto que hoy la humanidad tiene de los objetos materiales. Los científicos no tomaron en cuenta un posible conocimiento metafísico que pasa por alto las "leyes" físicas de la tierra.

Recordé el mensaje que el arcángel Miguel me dio en el Tor de Glastonbury sobre la llegada de las piedras: "Estas piedras llegaron a su ubicación actual desde la dimensión vibratoria de Avalon; sus moléculas se vibraron para transportarlas a través de procesos mentales de alta vibración".

Aunque parecía algo salido de *Viaje a las estrellas*, es posible entrenar a la mente para que mueva cosas materiales. Después de todo, los estudios científicos demuestran que la psicoquinesia (mover objetos con el pensamiento) es real. He leído infinidad de estudios en los que los individuos mueven con el pensamiento máquinas de monedas, computadoras, generadores de luz, etc. La gente que estudiaba metafísica, sin los distractores que existen en la actualidad como la televisión y la computadora, y que ponía todo su empeño en ello pudo transformar ese poder en la capacidad para desvanecer las piedras en el aire y volver a materializarlas.

También recordé lo que Nicolás me dijo en Grecia: "Los antiguos eliminaban la fuerza de gravedad con el poder de la música. Los sacerdotes usaban la vibración de ésta para hacer levitar a las piedras". Tenía sentido que la vibración de la música fuera más alta que la de las densas piedras. Si los científicos aceptaban que todos los objetos materiales estaban compuestos de energía en el nivel atómico, ¿por qué no podrían reacomodarse los átomos a través de influencias vibratorias como la música o la mente?

Cuando estaba escribiendo mi libro *Los niños de cristal*, algunos padres me contaron que sus hijos habían hecho levitar sus juguetes sin ningún problema. Los niños de cristal, que son muy sensibles y síquicos, tienen una fe tan fuerte, que su sola confianza les permite realizar milagros como levitaciones, sanaciones espirituales instantáneas a seres queridos, y aventarse de lugares altos sin salir lesionados.

Las intenciones transparentes como el cristal de estos niños y su inquebrantable fe sin duda producen estos milagros. El Maestro Jesús continuamente decía: "La fe mueve montañas". Los niños de cristal son una muestra de lo que es posible, y nos ayudan a recordar las capacidades que teníamos en la época de la Atlántida y de Avalon.

MENSAJES CURATIVOS DESDE STONEHENGE

Cuando me paré en el centro del círculo de Stonehenge, me quité los zapatos y mis dedos jugaron con la tierra oscura y cubierta de musgo. Comenzaba a atardecer y sentía que miles de ángeles y sabios antiguos me rodeaban con mucho amor. Un agradable torbellino de energía emanó del círculo y escuché que las piedras cantaban un mantra en tono bajo.

Las piedras me hablaron del mucho dolor y sufrimiento que se había vivido en Stonehenge; ellas absorbieron ese dolor. Con claridad distinguí sus ojos, narices y bocas, los rasgos de la gente de piedra, confidentes de sacerdotes y sacerdotisas que venían a contarles sus problemas.

La canción de las piedras mencionaba antiguos astrónomos que registraban los movimientos de las estrellas en los pilares de piedra verticales. Los astrónomos también conocían, gracias a la telepatía, las situaciones difíciles de la gente en todas partes; sabían de pobreza, súplicas, histeria, y que la humanidad estaba desperdiciando los preciosos recursos naturales.

Los secretos de Stonehenge se heredaron a través de generaciones de soldados que eran apostados en el círculo de piedra. Incluso hubo una matanza de sacerdotes druidas a los que se les llamaba "infieles" por su paganismo; aunque las almas de estos sacerdotes altamente desarrollados regresaron de inmediato a la vida en la Tierra a través de los cuerpos de otras personas en un programa de intercambio de almas, basado en el libre albedrío y no en la posesión.

Mientras la música del *didgeridoo* de Steven resonaba en las piedras iluminadas por la luz del atardecer, me senté y las interrogué.

—¿Cuál es la relación de Stonehenge con la sanación?

—*La energía curativa emitida por los pueblos antiguos* —respondieron las piedras de inmediato— *sigue envolviendo a esta tierra* [Inglaterra], *convirtiéndola en un santuario de sanación. Por eso tú y mucha gente ama y adora a Inglaterra, por su maternal energía protectora.*

La arcángel Haniel estuvo aquí y aún vive en varios planos de existencia; ella es un ángel de luna a quien se le veneraba en este lugar con los nombres de Diana y Deméter. A lo largo de nuestra historia, muchas veces tú también estuviste relacionada con Haniel y sus aspectos de diosa.

Sus palabras hicieron que me detuviera para recuperar los recuerdos de mi vida en Babilonia. Una de las estatuas de diosas que estaban en el templo se parecía a Diana; y mi investigación había relacionado a la arcángel Haniel con Babilonia y con el polvo de luz astral que usábamos.

¡Ahora las piedras me decían que Haniel y Diana eran la misma! ¡Claro, las dos eran diosas de la luna! Y la conexión con Démeter, la diosa griega de las cosechas abundantes, también era un aspecto de Haniel. Bueno, yo sabía que Haniel nos ayudaba a producir abundancia, así que esto también tenía sentido.

Me pregunté: "¿Los arcángeles estuvieron presentes en la Atlántida, y también eran aspectos de los dioses, las diosas y las deidades de las culturas y religiones del mundo?"

Mientras pensaban en ello, pregunté a las piedras cuál era su origen y cómo llegaron a Salisbury.

—*Esa información la recibiste cuando estabas en Glastonbury* —respondieron—. *Nosotras las piedras llegamos perfectamente intactas a través del portal de Avalon y de la Atlántida, que fueron civilizaciones simultáneas. Avalon y la Atlántida controlaban los patrones mentales de la evolución de la humanidad cuando empezaron a descubrir y crear armas y otros medios de destrucción y crueldad.*

Nosotras las piedras fuimos desintegradas en partículas de pensamiento y vueltas a configurar en la intersección de este vórtice, que atraviesa Glastonbury y Jerusalén.

Pregunté: "¿Cómo que Avalon y la Atlántida existieron de manera simultánea? ¿La Atlántida no existió mucho antes de la época de Jesús y Avalon *después* de Jesús?"

—*Se trata de realidades simultáneas* —respondieron las rocas —*porque existen muchas analogías y coincidencias. Avalon es una tierra antigua, con fronteras definidas que coinciden con la Atlántida, tanto en geografía como en el marco del tiempo. Luego de la caída de la Atlántida, la geografía de Avalon se alteró de manera significativa, pero su esencia continuó en lo que se conoce como "época arturiana". La antigua energía de Avalon fue transmitida a nosotros* [las piedras] *para asegurar su continuación hasta la eternidad. Somos mensajeros indestructibles de la luz que nos ha acompañado siempre, una luz que se condensó y se concentró en nuestro interior.*

Pregunté: "¿Entonces ustedes se parecen al Arca de la Alianza, en la que la llama eterna ardía en un objeto finito?"

—*Finito no es el mejor término para describir ni al Arca ni nuestra estructura; sin embargo, definitivamente compartimos ciertas cualidades y similitudes.*

Justo en ese momento, Steven se acercó a mí para decirme que Phillip, nuestro guía, le enseñó que una daga con símbolos griegos estaba grabada en una piedra.

—La daga en sí está relacionada con Grecia —me dijo.

¡Qué interesante! Pregunté a las piedras: "¿Stonehenge también está conectada con Grecia?"

—*La introducción de los pozos curativos* —respondieron— *coincidió con los hospitales Asclepio, donde se bendecía el agua y luego se vertía sobre los pacientes enfermos.*

Luego pregunté: "¿Y la sanación con luz, cristales y colores?"

—*Somos monumentos al poder de la naturaleza* —respondieron las piedras—, *que en definitiva abarcan el poder curativo de los cristales, pues forman parte de la naturaleza y de nuestro reino de los minerales. ¿No ves que somos la misma energía que tú? Somos luz y somos amor, en un formato más denso que hace que nuestros movimientos sean menos perceptibles que los tuyos. Nuestra ubicación nos permite captar el máximo de luz del sol y de la luna, y cuando cualquier ser se carga de ellas, se desatan sus propiedades curativas. Nosotras, que estamos cargadas de luz de sol y de luna, despertamos esas energías en las personas que tienen mucho tiempo metidas entre cuatro paredes.*

Los enfermos deberían estar en íntima comunión con la naturaleza en silencio, como nosotros. ¡No ignoren el poder del sol, la luna, las estrellas y el aire fresco! El agua es un elemento esencial para eliminar los hongos que se acumulan en el cuerpo por respirar demasiado aire estático. Los cristales amplifican las energías curativas naturales del sol, la luna, las estrellas, el aire y el agua, pero no son necesarios. De hecho, cuando se pone mucho énfasis en un equipo de sanación, éste obstaculiza el flujo de esperanza y fe que se obtiene simplemente por estar al aire libre.

Los antiguos templos de sanación y sitios de veneración siempre estaban en lugares abiertos. La antigua iglesia católica creó templos oscuros con techos con el pretexto de protegerlos de los elementos.

—¿Los antiguos budistas no hacían sus ceremonias en sitios cerrados?

—*Pasaban mucho más tiempo en jardines de culto y están más en sintonía con la santidad de la naturaleza que aquellos que realizan prácticas religiosas occidentales tradicionales y modernas. Algo que le debemos al pasado es la construcción de vitrales en lugares de culto modernos, que filtran la luz del sol a través de vidrios de colores curativos. Aunque es mucho mejor recibir de manera directa el espectro completo de colores que ofrece la luz del sol natural, incluyendo la puesta del sol y el alba.*

Era el mismo mensaje que recibí en mi viaje a Grecia respecto al poder curativo de la luz natural. Una vez más, decidí buscar estudios científicos sobre el efecto que la luz solar produce en la salud. Aunque para la mayoría de la gente el sol provoca problemas y no beneficios a la salud.

Luego pregunté a las piedras: "¿Qué mensaje quisieran darme a mí y a las personas que lean sus palabras?"

—*¡Reclamen de inmediato la manifestación de sus poderes curativos!*—Fue su rápida respuesta.— *Las prácticas religiosas han desanimado a los individuos para que no busquen el poder colocándoles etiquetas de herejía y traición. La culpa y el miedo aún están presentes en el fondo de la mente inconsciente. Esto incluye el temor a sobresalir, a ser únicos y particulares. Han relacionado esta atención con la vulnerabilidad, así que se sabotean solos una y otra vez al no comunicar públicamente las verdades y los problemas que ven. Se refrenan, y cuando mucha atención se dirige a ustedes, se esconden en sus capas protectoras.*

Difunde esta información: La energía curativa está a la disposición de <u>todos</u>, nadie tiene un don especial; nada más existen aquellos que son libres de elegir si hacen uso de sus fuerzas internas <u>o</u> se acobardan ante ellas.

El mundo se vuelve más frío y más oscuro cada vez que un individuo se acobarda ante la idea de decir lo que piensa. Aunque el mensaje no sea bien recibido, las propiedades que lleva se esparcen energéticamente en la tierra para siempre.

A todos y cada uno de ustedes: Sus palabras, sus pensamientos y sus sentimientos son poesía pura. No se apresuren a ocultarlos o a ignorarlos, más bien aprovéchenlos para fortalecerse unos a otros. En términos de energía evolucionarán a pasos mucho más rápidos si comparten e intercambian ideas y pensamientos, así que hablen de ellos abierta y tranquilamente. No rechacen apariciones públicas en las que puedan contar sus historias y dar alguna enseñanza.

Bendigan a todas las personas que vean, sin importar cómo los traten a ustedes. La vitamina espiritual diaria está en esta práctica: Visualicen que las bendiciones corren a través de su torrente sanguíneo, limpiando y dándole vitalidad a su cuerpo. Con frecuencia llenen su mente, pulmones y a todo su ser con luz de sol.

Sus palabras me obligaron a hacer una pausa, aunque tenía muchas más preguntas que hacer. "¿Qué hay de los avances de la ciencia, incluyendo el uso del jabón para eliminar las bacterias, y el hecho de que la expectativa de vida de los humanos sea más larga hoy en día?"

—*Es lo que suponen* —contestaron—. *La verdad es que muchos pueblos antiguos del mundo del sol vivían bien hasta los 300 ó 400 años de edad y más; vivían felices y fuertes su vida entera. Por supuesto que sabes que los científicos de tu época creen que el cuerpo humano está hecho para vivir todo ese tiempo.*

La Era Industrial, que mejor debería llamarse <La Era de los lugares cerrados>, es lo que generó sus enfermedades y dolencias modernas. Las muertes accidentales son resultado de inventos industriales como los autos y las armas.

—¿Incluida la peste? —pregunté.

—Consulta tus libros de historia, se produjo en la Era de los lugares cerrados.

En Babilonia pasaste la vida al aire libre, en un templo sin techo y sin muros. En esta vida, en tu agenda debes crear el espacio y la libertad para pasar tiempo en el exterior; o cuando menos acércalo a ti, ¡teniendo muchas puertas y ventanas siempre abiertas!

Las palabras de las piedras me recordaron a los nuevos Niños de Cristal, que adoran estar al aire libre. De hecho, el único momento en que estas criaturas se ponen de mal humor es cuando pasan mucho tiempo en espacios cerrados. Una vez en contacto con la naturaleza, los niños se entretienen durante horas observando a los árboles, las plantas, los insectos y los animales.

LOS NIÑOS DEL ARCO IRIS

Cuando regresamos a Glastonbury, los ángeles de la Atlántida hablaron con urgencia conmigo sobre la importancia de la luz. Me recordaron que el sol era un importante catalizador para la producción de la "serotonina", un químico del cerebro. La serotonina es un químico que participa en las transmisiones eléctricas del cerebro que regulan el estado de ánimo, el apetito y los niveles de energía.

Todas las noches, cuando dormimos, el cerebro produce el suministro de serotonina para emplearlo al día siguiente, pues el químico no puede almacenarse. Si generamos suficiente serotonina durante la noche, despertamos frescos y llenos de energía; pero si es poca, nos sentimos con resaca e irritables. Los niveles bajos de serotonina también están relacionados con el síndrome premenstrual, enuresis nocturna, cambios de humor, antojo de carbohidratos y depresión.

Estar en lugares cerrados durante mucho tiempo, no hacer ejercicio, e ingerir alcohol u otros sedantes en la noche, interfieren con la producción de serotonina. Cuando llevamos un estilo de vida poco saludable, nos despertamos sin energía y con frecuencia recurrimos a la cafeína y al azúcar para iniciar la mañana. Y luego de usar todo el día estimulantes artificiales para tener energía, recurrimos a los medicamentos o al alcohol para dormir en la noche. Este círculo vicioso de dependencia a los químicos es demasiado común.

Poca gente se da cuenta que el ciclo genera depresión y ansiedad; así que toman medicamentos psicoactivos como Ritalin y Prozac, cuando podrían recurrir a medios naturales para obtener incluso mejores resultados sin efectos secundarios.

Tomar sol y hacer ejercicio es una manera de asegurar que el cerebro produzca suficiente serotonina; esto porque el sol transforma la melatonima de la piel en la serotonina del cerebro.

Los ángeles de la Atlántida dijeron: "Mucha gente ignora los consejos de sus ángeles porque creen que intentan controlarlos o arruinarles la diversión. No quieren escuchar cuando los ángeles les dicen que mejoren su alimentación o que cuiden más sus cuerpos".

"Aun así, los ángeles de la guarda les dan consejos que incrementarán el flujo y la regulación de serotonina. Comer alimentos sanos, estar en contacto con la naturaleza y hacer ejercicio, son formas naturales de mejorar sus estados de ánimo y sus niveles de energía".

Entonces los ángeles de la Atlántida me hablaron de la energía del arco iris. Dijeron: "La luz natural del sol está conformada por los colores rojo, anaranjado, amarillo, verde, azul, índigo y violeta, los colores del arco iris. Esos colores se ven en prismas a través de las gotas de agua y los cuarzos transparentes. Los arco iris se asocian a la alegría y la felicidad porque el cuerpo humano fue diseñado para absorber y asimilar la energía del arco iris a través del sol. Todos tienen un arco iris en el interior, al que llaman chakras; éstos son su conexión natural con la luz

Divina y con el sol físico. Si absorben suficiente sol y arco iris, se sienten felices y vivos".

Pero cuando la contaminación ensució el aire y los humanos empezaron a pasar más tiempo en lugares cerrados, disminuyó la absorción de la energía del arco iris. Esto produjo agresión y sufrimiento; y en lugar de aceptar que la solución era sencilla (salir al exterior), los humanos buscaron la felicidad a través de muchos medios artificiales.

Parte de nuestra respuesta a sus oraciones de felicidad se encontraba en las nuevas formas que encontramos para enviarles la energía del arco iris que necesitan y ansían. Primero le pedimos a los delfines que se acercaran a sus costas para que jugaran y nadaran más seguido con ustedes. Los delfines emiten energía del arco iris, igual que los humanos alguna vez lo hicieron. Esto se debe a que los animales casi siempre están al sol, sin que les afecte la contaminación de las ciudades, y hacen ejercicio continuamente; estos dos componentes hacen que los delfines siempre tengan la alegría que se les ve.

"La segunda respuesta que les dimos a ustedes fue a través de lo que llamamos energía curativa. La energía del arco iris está concentrada en reiki, qi gong, prana, y demás nombres que recibe la canalización de la energía del arco iris a través de las manos y de los corazones. Los cristales también les brindan prismas de arco iris si centran y dirigen la luz hacia las bandas de colores". Sus palabras me hicieron recordar la pirámide de la luz del templo de sanación. Nosotras las sacerdotisas dirigíamos los colores del arco iris del prisma de la pirámide hacia los chakras de los pacientes. Quedaba claro que el poder curativo de la luz del arco iris era grande.

Los ángeles continuaron: "Ahora, con el nacimientos de los nuevos Niños Arco Iris, llevamos la energía del arco iris a los lugares cerrados para que esté más cerca de ustedes. Muchos humanos intuyen el nacimiento de estas criaturas, que en este momento están llegando a la Tierra".

Los ángeles me explicaron que los Niños Arco Iris eran la generación que seguía después de los Niños de Cristal. Los Arco Iris son sumamente sensibles, cariñosos, indulgentes y mágicos, como los Niños de Cristal; la diferencia es que los Arco Iris nunca han estado en la Tierra, así que no tienen karma que equilibrar. Por lo tanto, eligen hogares tranquilos y funcionales; no necesitan caos ni retos para balancear su karma o crecer.

Por esta razón, los Niños Arco Iris serán hijos de los Niños de Cristal de más edad (los que llegaron a la Tierra en los años 80); cuando el resto de los Niños de Cristal crezca, serán los tranquilos y amorosos padres que procreen a los nuevos Niños Arco Iris.

Estas criaturas tienen un gran corazón y dan cariño incondicionalmente; a diferencia de los Niños de Cristal, que sólo muestran afecto por la gente que se gana su confianza, los Arco Iris quieren a todos. Nos curan con sus enormes chakras del corazón y nos envuelven en un cobertor de energía del arco iris, que tanto necesitamos. Literalmente son avatares en la tierra.

SANACIÓN EN ESCOCIA E IRLANDA

Nuestro recorrido por el Reino Unido nos llevó a Edimburgo, Escocia, donde di un curso llamado "Sanación con los ángeles". Entre el público, que agotó las entradas para el taller, había muchos sanadores interesados en conocer nuevas formas de tratar enfermedades y ayudar a sus pacientes.

El seminario se basó en mi libro *Healing with the Angels*, una recopilación de estudios sobre ángeles, así como en mi experiencia en el campo de la sanación espiritual. Recibí miles de cartas de lectores que habían experimentado la sanación al leerlo (muchas de esas historias conforman la Parte II de *este* libro), así que sabía que podía transmitir los métodos; también tenía planeado dar a conocer técnicas que aún no se habían publicado en mis libros anteriores.

Primero, conduje a la audiencia a través de sanaciones angelicales para que experimentaran los métodos por sí mismos. Segundo, expliqué las técnicas para que pudieran anotar los pasos en sus libretas. Uno de los métodos que los ángeles me enseñaron era sanar a partir del dolor provocado por un ataque físico, que tiene lugar cuando alguien se enoja con nosotros, nos maldice, o nos desea dolor o mal. Cuando guiaba al público a través este método llamado "Desaparición de maldiciones y dagas" (del que hablo en la Parte III), escuché que mucha gente lloraba y vi cómo cambiaban sus expresiones.

Al finalizar esta experiencia, muchos miembros del público dijeron que se aliviaron instantáneamente de dolores crónicos de espalda y de cabeza, algo que había escuchado de manera esporádica a otras personas a quienes enseñé el método. Pero en este grupo casi todos me dijeron que esta práctica los hizo sentir más livianos y más positivos. Como mi trabajo como sanadora espiritual y ex psicoterapeuta se orientaba a ayudar a la gente a sentirse más contenta y más sana, esta técnica resultó ser una herramienta muy eficaz.

Después, viajamos a Irlanda, donde di el curso "Angeloterapeuta" en un pueblo de Dublín llamado Newtownmountkennedy; en lugar de que fuera New Town Mount Kennedy, se escribía junto y era el nombre más largo de una ciudad irlandesa. El taller se llevó a cabo en una hermosa área conocida como Cañada del druida.

Steven y yo nos hospedamos en una bella casa de dos pisos en la playa de County Wexford, a una hora de camino hacia el sur. El uso de la casa fue un regalo de una maravillosa pareja irlandesa, una mujer sanadora casada con un exitoso hombre de negocios.

Como nos quedamos en una casa y no en un hotel, podía cocinar sanos alimentos vegetarianos para Steven y para mí. Aunque no es vegetariano, a mi esposo sí le gusta la cocina vegetariana llena de sabor. Para preparar los alimentos, necesitaba los ingredientes adecuados, así que fuimos a Tesco, la tienda de abarrotes del lugar.

Encontramos fabulosos productos orgánicos, leche de soya y otros alimentos. El único ingrediente que me hacía falta era el tofu, pero cuando le preguntamos a los empleados dónde lo tenían, dijeron que nunca habían oído esa palabra. Steven le preguntó a la gerente de Tesco si sabía dónde podíamos comprarlo, y nos mandó a una tienda de comida sana nueva en un pueblo cercano.

CUÁNTA EMOCIÓN

Cuando entramos a la tienda de alimentos sanos de la Sra. Bee, en el pueblo de Gorey, supe que estábamos en el lugar correcto. La energía del pequeño, limpio y bien manejado local parecía mágica. Los viajes nos enseñaron a Steven y a mí que el término *comida sana* por lo general significaba una tienda de vitaminas con pocos, o casi ningunos, alimentos. Pero la Sra. Bee estaba bien surtida de nueces, frijoles, bebidas y alimentos secos. ¡Y tenía tofu en el refrigerador! También vendía artículos de limpieza ecológicos, que encantada de la vida metía yo en la canasta. La idea de contaminar las bellas vías fluviales de Irlanda con detergentes químicos, me incomodaba mucho. Asimismo, elegí una crema para el cuerpo con aceite de oliva, pues en Grecia había conocido sus mágicas propiedades limpiadoras y curativas.

Una vez que Steven y yo llenamos la canasta con las compras, pasamos por un anaquel lleno de productos de ángeles: estatuas, adornos para la pared y —di un grito ahogado por la sorpresa— ¡mis libros y cartas del oráculo! Al instante, se me ocurrió presentarme con la Sra. Bee. Por lo general no llamo la atención en los momentos que no estoy dando conferencias o clases porque no me gusta que la gente haga aspavientos, sobre todo si estoy realizando actividades diarias como ir de compras, cenar o hacer ejercicio. Pero por alguna razón decidí abrirme con la Sra. Bee ese día. Quizá porque era la viva imagen de mi madre, o por su aura encantadora, la Sra. Bee tenía algo que me producía seguridad.

—Muchas gracias por vender mis libros y mis cartas de ángeles —dije cuando coloqué mis cosas en el mostrador.

—¿Eres Doreen Virtue? —Me preguntó con la cara sonrojada.

—Así es — dudé un instante, pero después respondí.

La Sra. Bee gritó tan alto y me abrazó tan fuerte, que por un momento me arrepentí de haberme presentado. Aunque su reacción vino de un lugar de amor puro e infantil.

—¡Ay, estoy que no quepo en mi de la emoción! —exclamó. Me contó una historia que me ayudó a comprenderla—. En la mañana no había clientes en la tienda. Ni uno. Entonces volteé a ver el adorno de mi arcángel Uriel y le dije: "Uriel, por favor, mándame clientes". Eso fue hace treinta minutos, ¡y aquí estás! —Volvió a abrazarme.— Tus libros me enseñaron a pedirle ayuda a los ángeles, ¡y mira qué pasó!

Mientras la Sra. Bee, Steven y yo conversábamos, la tienda se llenó de clientes. La Sra. Bee me pidió que autografiara mis libros y cartas, lo que con mucho gusto hice por una persona tan encantadora. Cuando nos fuimos, la tienda estaba llena de compradores.

ANGEL EARTH

Estaba ansiosa por aplicar mis recientes conocimientos de la Atlántida y los templos de sanación para ayudar a mis alumnos en el taller sana y aprende. Mark Watson y Shaun Wise de la banda *Angel Earth* de Detroit viajaron a Irlanda para tocar en el curso Angeloterapeuta. Todos los alumnos estaban sentados en el piso sobre tapetes, y mientras Mark tocaba el teclado, llevé a todos a una meditación guiada que se basó en mis recuerdos de las camas sanadoras de cristal de la Atlántida.

Yo observaba cómo los despojos síquicos se elevaban del cuerpo de todos y flotaban justo por debajo del techo, ¡pero la porquería negra no salía de la habitación! Después me di cuenta que el personal había sellado síquicamente el lugar para evitar que se metiera la energía del exterior. Sin embargo, el sello también evitaba que los despojos síquicos *salieran*. El personal estaba en círculo alrededor de los alumnos y les indiqué que sacaran la energía por el techo. Cuando lo hicieron, el sello se abrió y se limpió la habitación.

La meditación del templo de sanación de la Atlántida fue tan poderosa, que todos me pidieron copias de ella en cinta o CD. La meditación y la música de Mark Watson ya están disponibles y se llaman: *Angel Medicine: A Healing Meditation CD* (también publicados por Hay House).

Durante tres años, la banda Angel Earth ha trabajado conmigo periódicamente. Hemos viajado por todo Norte América y nos hemos convertido en buenos amigos. En un principio, Angel Earth tenía un tercer miembro, Michael Wise, a quien conocí primero en Pittsburgh, en 1988.

Michael trabajaba en una fábrica de Detroit, pero lo que realmente quería era dedicarse a la música y a los estudios espirituales, así que le pidió una señal a los ángeles. Ese día, vio la fecha de su nacimiento y sus iniciales en la placa de un auto y supo que los ángeles estaba indicándole que no se detuviera. Al día siguiente, Michael renunció al trabajo y se dedicó a ser músico de tiempo completo.

Michael, su hijo Shaun y Mark, su mejor amigo de la infancia, nos acompañaron a Steven y a mí en nuestros talleres en Canadá y todo Estados Unidos. Michael era devoto de Paramahansa Yogananda, y también trabajaba muy de cerca con Jesús y el arcángel Miguel. Escribía la mayoría de las letras de las canciones de la banda, que eran espirituales y alentadoras.

Hombre dulce y sereno, Michael siempre estaba de buen humor. Manejaba cualquier cantidad de kilómetros, conectaba el equipo de la banda e interactuaba con los miembros del público sin decir jamás una palabra negativa.

Pero en agosto de 2002, mientras Steven y yo estábamos al frente del Retiro de Sanación Hawaiano en Kona, recibí un correo electrónico de Mark con la frase "Con el más profundo dolor" en la línea "asunto". Me apresuré a abrir el correo y me impresionó leer que Michael había muerto esa mañana. Estaba en el patio de su casa leyendo un libro sobre extraterrestres y llegó al capítulo "El cruce". Después, Michael se desvaneció y murió, dejando que su esposa y novia de la secundaria, Sandy, lo encontrara. Tenía 48 años y sin antecedentes de problemas cardiacos; no fumaba, no bebía, ni se drogaba. Según los informes de las dos autopsias, no se encontró la causa de la muerte.

Michael me visitó en varios sueños lúcidos para avisarme que estaba muy contento en el mundo de los espíritus. Estaba con su amado Yogananda y con Jesús, y me dijo: "Era mi hora".

Cuando el resto de los miembros de Angel Earth tocaba, claramente veía a Michael allí parado, tocando la guitarra y dejando el alma en cada canción. (Hay fotos de Michael y más información sobre él en la página en Internet de la banda: www.AngelEarth.org).

La noche después de la clase, me hundí en un baño de agua con sal de mar que compré en la tienda de la Sra. Bee. (Tomar baños de agua salada es una manera rápida de anclarte y limpiarte al final del día). La sal de mar absorbe los desechos síquicos y otras toxinas, y produce la sensación de tranquilidad que experimento cuando nado en el mar.

Mis interpretaciones siempre eran más claras cuando estaba cerca del agua salada. Por ejemplo, en un curso en Hawai, hice interpretaciones individuales a todos los participantes sentada al aire libre, bajo el sol, junto al mar.

Las interpretaciones eran tan claras y detalladas, que hasta yo me sorprendí. Atribuí la claridad a mi cercanía con el mar y a que nadaba todos los días en él. Después de todo, la sal era cristal, así que sumergirme en agua salada era como bañarme con agua cristalina.

En la tienda de la Sra. Bee adquirí tres cristales pequeños de cuarzo rosa pulidos y una amatista. La Sra. Bee insistió en regalármelos, lo que hizo que su energía fuera más especial. Los ángeles me pidieron que durante el viaje colocara los cristales en la botella de agua para beber, como protección contra energía de mucho estrés. Puse las piedras en mi botella de agua, y las cambié conforme cambié de envases. Aunque mi itinerario en Irlanda fue intenso, mis niveles de salud y de energía se conservaron altos, y parte de ese crédito se lo doy a los cristales. En el tiempo que estuve en Irlanda visité algunas veces a la Sra. Bee y me dio mucho gusto ver que algunos de los graduados de mi curso de Angeloterapeutas hacían interpretaciones con mis cartas del Oráculo de Ángeles en su tienda.

CAPÍTULO 8

El informe del sol

Cuando Steven y yo regresamos al sur de California, ahondé en la búsqueda de estudios científicos sobre el sol. Decidí permanecer objetiva, a pesar de lo que me habían dicho los ángeles. Después de todo, quería escribir del tema con responsabilidad, y no impartir opiniones no fundamentadas en información concreta.

Pero entonces, cuando investigaba el tema, una situación personal hizo que tomara el asunto con mucha más seriedad; a mi madre le diagnosticaron un tipo de cáncer de piel benigno en la cara.

Una semana antes, ella y mi papá fueron de visita a mi casa para festejar su aniversario 50 de boda, mi mamá se había hecho la primera de las pruebas. Tenía cita para más exámenes cuando volviera a casa. Mi madre siempre ha adorado el sol, como muchas mujeres de California. Pasó su adolescencia dorándose bajo sus rayos, bronceándose intensamente, ahora se arrepentía de haberlo hecho y prometió alejarse por completo del sol.

El clima era bueno y soleado cuando mamá nos visitó a Steven y a mí, y todo el tiempo usó lentes para el sol, bloqueador, camisetas de manga larga, pantalones largos y sombreros de ala ancha. Mi papá la mimaba y se aseguraba que su adorada esposa no tuviera contacto con el sol y evitar así que el cáncer de piel volviera a aparecer. Como tenían reservadas unas vacaciones en Hawai el mes siguiente para celebrar su aniversario de boda, me preocupó que no disfrutaran del buen clima.

Sentados en el balcón, mis padres bajo la sombra de una sombrilla y yo en el sol, mi papá me preguntó qué usaba para protegerme de los rayos ultravioleta. Cuando le dije que nada, gritó enojado. Pero le conté lo que había encontrado en mi investigación.

—El sol se ha satanizado por su relación con el cáncer de piel y las cataratas —dije—. En la comunidad científica algunos creen que la reducción de la capa de ozono es el principal factor de esas enfermedades. A la gente se le advierte que no se asolee, que usé filtro solar y lentes. Pero yo siempre siento que el sol calienta mi alma y eleva mi estado de ánimo.

—Sí, yo también —mamá dijo sonriendo.

—Y todos sabemos que la falta de luz solar está asociada con depresión y problemas emocionales —añadí.

Le conté a mis padres sobre los estudios científicos e históricos que hablan de las propiedades curativas del sol y de su lado no tan sano. Luego de analizar la investigación, sentí que estábamos exagerando. Después de todo, artículos publicados en revistas importantes como *The New England Journal of Medicine* y el *Journal of the American Medical Association* indican que la gente que trabaja en exteriores es mucho menos propensa a adquirir cáncer de piel que aquellos que siempre están en lugares cerrados (y que de vez en cuando salen al sol y se queman). Uno de esos estudios era de la universidad del oeste de Australia, institución de un país que continuamente sufre las consecuencias de uno de los hoyos en la capa de ozono más grandes.

Les dije a mis padres que hay investigaciones que demuestran que las mujeres que viven en latitudes norte son más propensas a desarrollar cáncer de mama y de ovarios que aquellas que habitan en lugares soleados del sur. En un estudio similar, las mujeres que trabajaban al aire libre estaban mucho menos expuestas a presentar cáncer de mama o de colón. Los científicos saben que la falta de sol produce deficiencia de vitamina D, que está relacionada con estos tipos de cáncer, así como descalcificación de los huesos y fracturas.

—Los científicos también han descubierto —mis padres me escuchaban con atención— que la ingesta diaria recomendada de vitamina D no es suficiente para las personas que no se exponen al sol todos los días. De hecho, en dos estudios realizados en mujeres de Medio Oriente que viven en climas soleados, se descubrió que padecían deficiencia de vitamina D porque sus ropas evitaban que su sistema transformara el sol en esa vitamina.

Estaba de suerte (aunque también exponía mis opiniones con tono dogmático), y mi pasión atrapó el interés de mis padres.

—La mayoría de los estudios sobre cáncer de piel y sol se realizan en individuos de tez blanca, y las razas oscuras que tienen incidencias más altas de cáncer requieren de más exposición al sol. Los estudios sobre la relación entre el sol y el melanoma no contienen un diseño sistemático ni medidas estándares, lo que explicaría por qué sus resultados son contradictorios. Muchos estudios demuestran que el filtro solar sólo protege contra los tipos benignos de cáncer, pero no ofrece una protección significativa contra el melanoma, que es el cáncer de piel mortal. En otras palabras, aún no se sabe si, o cuánto, el sol produce melanoma.

—¿Estás diciendo que todos debemos pasar más tiempo en el sol? —Preguntó mi mamá.

—Digo que las investigaciones indican que el sol es un arma de doble filo, bueno para la buena salud, con moderación, y malo en exceso, sobre todo para los individuos de piel blanca. En definitiva, la gente debe evitar quemarse, pero también debe pasar cuando menos una hora diaria tomando aire fresco y en exposición directa al sol.

Luego de analizar toda la información, sí creo que lo más sano es tomar el sol de la mañana o de ya entrada la tarde sin usar protección en los ojos ni filtro solar. Después de todo, los rayos solares más benéficos entran al cuerpo a través de los ojos. La gente de piel blanca debe limitar su exposición a no más de una hora al día, mientras se fabrican bronceadores que tengan melanina.

También creo que necesitamos estar en el exterior para ver el alba y la puesta de sol, y salir en la noche para absorber la luz de la luna y de las estrellas.

Le di a mis padres una copia del libro *Sanación solar* (publicado en español por Grupo Editorial Tomo), de Richard Hobday. Como el libro lo escribió un doctor en ingeniería británico que citaba los últimos estudios científicos sobre la relación del sol con la salud y la enfermedad, creí que mi papá respetaría el trabajo.

Una semana antes de que mis padres se fueran a sus vacaciones en Hawai, le pregunté a mi mamá si le preocupaba menos tomar el sol.

—Todavía estamos leyendo el libro, pero el sol ya no nos molesta tanto. Aunque sigo creyendo que debo tomar precauciones en el rostro y no exponer el lado en el que se quemen las puntadas. Pero disfrutaremos del sol y seguiremos el consejo: "moderación en todo". El libro tiene mucho sentido. Relacionándolo con *Curso de Milagros*, me parece que la publicidad negativa hacia el sol provoca culpa y eso podría ser la causa real (y no imaginaria) de lo que me sucedió.

También pienso que si no pasamos mucho tiempo en el sol, debemos tomar suplementos de vitamina B12. Si nuestros cuerpos están bajos de esta vitamina, los oídos empiezan a zumbar, sonido que nuestros ángeles hacen cuando están dándonos un mensaje o ánimo.

LUZ EN LA OSCURIDAD

Íbamos de camino a Toronto, donde yo daría un curso en la noche y Steven otro al día siguiente. La azafata pidió que todos cerraran las ventanillas para que la película se viera mejor, pero no soporté privarme de la luz ni de las bellas imágenes de las nubes. Después de todo, viajaríamos todo el día de California a Toronto; con el cambio de horario, estaríamos aterrizando en la noche. Así que bajé mi ventanilla a la mitad para disfrutar cuando menos parte de la luz de día.

—El capitán nos informa que habrá fuerte turbulencia, así que se prenderá la señal del cinturón de seguridad. Por favor, quédense en sus asientos y abróchense bien los cinturones.

Suspiré y pedí a los ángeles que mantuvieran estable al avión en el aire. Vi docenas de ángeles junto a la panza de la aeronave, cargándola en sus espaldas. Durante años he invocado a los ángeles en casos de turbulencia, y siempre funciona. (Mucha gente del público me ha contado historias similares). Esta vez no fue la excepción y al poco tiempo la aeromoza anunció que éramos "libres de pasear por la cabina".

Mi curso en Toronto salió bien y estaba disfrutando mi estancia en Canadá. El Learning Annex nos hospedó a Steven y a mí en un hotel maravilloso que servía comida vegetariana y tenía un gimnasio fabuloso, dos cosas que hicieron infinitamente más placentero mi viaje. La tarde siguiente, 14 de agosto de 2003, Steven tenía programado ofrecer un taller sobre su quinto libro, *Sacred Ceremony*. Durante el evento, los participantes realizarían una ceremonia colectiva, tenían que levantar un altar, tocar los tambores, danzar y ahondar en formas activas de oración y meditación.

A las 4:11 p.m., Steven estaba relajándose antes del curso cuando en la habitación se apagaron las luces y la música. Supusimos que se había ido la luz en el hotel. Después escuchamos un chirrido y una voz de mujer anunció en el altavoz del cuarto que toda la ciudad se había quedado sin luz. Unos minutos después, volvió a oírse el chirrido y la voz pidió que pusiéramos atención al siguiente anuncio: "El apagón se extendió y afectó a gran parte del norte de Canadá, así como a Nueva York, Nueva Jersey, Connecticut, Ohio y Michigan".

La mujer explicó que había fallas en la estación eléctrica de Búfalo, Nueva York. No se sabía cuándo regresaría la luz. Los elevadores se descompusieron y tampoco había agua corriente, pues llegaba a las habitaciones del hotel a través de bombas eléctricas.

El sol aún brillaba en lo alto del norte del cielo, así que Steven y yo bajamos las escaleras para salir a investigar. Entramos a una cafetería Starbucks, donde no había bebidas calientes pero sí tenían botellas de jugo y de agua. Todos los que estaban en el interior de la cafetería platicaban nerviosos unos con otros, especulando sobre el futuro del apagón. Steven y yo notamos cómo la tragedia une a los desconocidos, tomamos el agua que compramos y nos salimos.

La tranquilidad que había en la ciudad era extraña e inquietante. Las personas que estaban de compras en el centro se sentaban en las banquetas sin saber cómo iban a volver a casa. Los taxis, los camiones y las limusinas no funcionaban sin computadoras en las oficinas centrales, así que se suspendió el transporte público. Ya no se permitió la entrada de autos a la ciudad para evitar que los saqueadores se aprovecharan de la situación.

Nuestro hotel restringió el servicio de alimentos para los huéspedes sólo para conservar sus provisiones, pues no habría abastecimiento. La ración de la cena se limitaba a sándwiches, ensaladas y demás alimentos que no requerían cocimiento. Cuando el sol estaba metiéndose, Steven y yo comimos ensaladas y oramos para que los ángeles intervinieran en el restaurante iluminado con velas.

Cuando íbamos subiendo los diez pisos para llegar a la habitación, en silencio di gracias de que los dos estábamos en buenas condiciones físicas. Muchos de los huéspedes jadeaban al subir la escalera, desacostumbrados al ejercicio. Los ángeles nos habían dicho que era muy importante que todos estuviéramos en excelentes condiciones para afrontar situaciones en las que requeriríamos fuerza y resistencia. Cuando subimos el último piso de escaleras, los dos agradecimos haberles hecho caso.

Steven había comprado velas para su taller, que se había cancelado por el apagón. Con gratitud, las encendimos conforme la oscuridad se apoderaba de la habitación.

—Así fue la vida durante muchos años antes del invento de los focos —comenté a Steven.

—Sí, antes de que los focos extendieran de manera artificial la luz del sol hasta altas horas de la noche —dijo. Discutimos cómo los ritmos circadianos naturales de los humanos estaban programados para despertar con la luz del alba y dormir después de la puesta del sol. Después descubrí que la aparición de enfermedades modernas como la diabetes, el cáncer y las cardiopatías tuvo lugar precisamente en la época en la que el foco empezó a usarse mucho en las casas y en las oficinas, en la década de 1920.

De mis estudios anteriores aprendí que los químicos principales del cerebro, sobre todo la serotonina, se producían durante las horas de sueño. Si de manera colectiva éramos privados del sueño a causa de la luz artificial, era obvio que también de serotonina. Como ésta regula el estado de ánimo, los niveles de energía y la estimulación del apetito (sobre todo el consumo de carbohidratos como dulces y pan), la luz artificial podría ser la culpable de las epidemias de obesidad, depresión y alteración.

Allí sentados en la apenas iluminada habitación de Toronto, observando un paisaje oscuro, era fácil imaginarnos esos viejos días en los que la gente se iba a la cama mucho más temprano; una época en la que no había estimulantes eléctricos como la televisión o el correo electrónico para mantener despierta a la gente. Después de cenar y quizá conversar frente a la fogata, era natural que se durmieran a las ocho o nueve.

Pensé en la moda de recetar drogas que de manera artificial crean o imitan la producción de serotonina, como Ritalin, que se usa para tratar el problema de hiperactividad y déficit de atención (ADHD, por sus siglas en inglés), y el Prozac, utilizado para controlar la depresión. Cantidades bajas de serotonina también están asociadas con el síndrome premenstrual, enuresis nocturna y obesidad. *Parece que necesitamos dormir más en la noche*, pensé. Y tuve una idea.

—Cariño, vamos salir para ver la luna y las estrellas —le dije a Steven —. Aprovechemos que no hay luz en la ciudad y admiremos el cielo nocturno.

No tuve que decírselo dos veces a Steven, que es fanático de la naturaleza. Bajamos corriendo las escaleras y salimos a la calle vacía. Como si fuera un lienzo de terciopelo, el cielo oscuro era el telón de fondo de estrellas que brillaban como diamantes. Cuando dimos la vuelta a la esquina, la luna llena nos saludó con su resplandor. Sobrecogidos, miramos fijamente cómo la luna y las estrellas saltaban en el cielo, se veían mucho más cerca que de costumbre, cuando competían con las luces de las calles. Al poco rato, la gente nos descubrió observando la luna; se reunió a nuestro alrededor y juntos admiramos el espectáculo de luz de la Madre Naturaleza.

Cuando regresamos a la habitación, Steven y yo oramos y pedimos a los ángeles que nos ayudaran a llegar a nuestro destino. Yo tenía programada una conferencia en Atlanta ante dos mil personas el sábado en la mañana, y tenía que salir de Toronto al día siguiente, viernes, para asegurar que llegaría a mi presentación. Sin embargo, el aeropuerto de Toronto y los aledaños estaban cerrados. No sólo eso, además no había taxis, camiones o limusinas que nos llevaran a algún sitio. Necesitábamos un milagro si quería llegar a la conferencia.

Pensé en nuestra dependencia a la electricidad. Parecía que todo dependía de ella. Estaba experimentando cómo sería nuestro mundo si no hubiera energía eléctrica. Me di cuenta que el apagón era una prueba y una señal. Necesitábamos reforzar el uso de energía solar y lunar, o reducir por completo nuestra dependencia a la electricidad.

A las 10:45 de esa noche, la luz regresó a una pequeña parte de Toronto; en esa parte se encontraba nuestro hotel. ¡La luz volvió! Milagrosamente, encontramos una compañía de autos que nos llevara al aeropuerto de Búfalo, Nueva York, que había reanudado los aterrizajes y los despegues. En el asiento que estaba junto al mío en la sala de espera del aeropuerto, encontré una pluma blanca que decía: *¡Los ángeles están aquí, ayudándonos!* Lo comenté a Steven y le enseñé la señal. Cuando nos registramos en la habitación del hotel de Atlanta y encontré una segunda pluma en su interior, no me quedó duda que nuestras oraciones se escucharon y fueron respondidas.

En los siguientes días, llegó la luz al resto de la Costa Este y se terminó el apagón más grande de la historia, que afectó a cincuenta millones de personas. Pero continuaron apareciendo señales para que busquemos alternativas para la energía eléctrica, pues Londres e Italia sufrieron importantes apagones en los siguientes dos meses.

[illegible]

[illegible]

[illegible]

[illegible]

CAPÍTULO 9

El mago de la Atlántida

Era septiembre, época de nuestra visita anual a la mágica tierra de Australia. En la primera parte del viaje, me presenté con tres síquicos: Gordon Smith (también conocido como el "barbero síquico" de Escocia, John Holland y Sonia Choquette, y bauticé al evento como "Desfile de síquicos", pero Hay House, nuestro publicista y patrocinador, le puso como nombre oficial "Mensajeros intuitivos". Los cuatro compartiríamos el escenario en talleres de todo el día en los que haríamos interpretaciones a miembros del público al azar y daríamos breves conferencias.

Luego de que los otros tres conferencistas regresaran a sus países de origen, Steven y yo nos quedamos en Brisbane para prepararnos para el curso de certificación de tres días que iba a impartir. Versión muy condensada de Angeloterapeutas, el curso Angelointuitivo se presentaría en Brisbane, Melbourne y Sydney.

Al mismo tiempo, estaba terminando este libro. A veces, me sentía ansiosa y en ocasiones me alteraba cuando pensaba en sentarme a teclear. Al final, después de conversaciones en oración con mis ángeles, llegué a la conclusión de que mi ansiedad estaba relacionada con vidas pasadas, en las que me mataron por revelar la información que presento en este libro.

Steven me hizo regresiones y descubrimos que en una vida me cortaron la garganta y en otra me colgaron por dar a conocer esta clase de trabajo. De inmediato, luego de decirme esto, una línea roja fuerte y bien marcada con piel seca se formó alrededor de mi cuello. Tardó toda una semana en desaparecer. Cuando lo hizo, la ansiedad se fue con ella.

***

Durante mi estancia en Brisbane, hice algunas investigaciones sobre los mensajes y la regresión a mi vida pasada en la Atlántida. Me dio curiosidad recordar que en la sesión Hermes había bañado con luz la pirámide del templo de sanación. *¿Quién era Hermes?* Me preguntaba. Resultó que era un mortal poderoso que vivió y gobernó la Atlántida con benevolencia. Sí, también se le conocía como dios griego y se creía que era Thoth, la deidad egipcia. A él se le atribuye la creación de la "ciencia hermética", el arte de la manifestación a través de la visualización y la alquimia, y se dice que su trabajo fue la base de los conocimientos secretos de grupos como los francmasones y las sociedades rosacrucianas. Se decía que la pirámide con un ojo, que está en la parte posterior de los dólares estadounidenses, provenía de los francmasones fundadores del país. *Es muy interesante que el ojo y la pirámide sean idénticos a los que vi en el templo de sanación de la Atlántida*, ¡advertí con un grito ahogado!

Le escribí un correo electrónico a Nicolás, el historiador síquico que conocí en Grecia, pidiéndole información sobre la relación entre Hermes y la Atlántida. Pero nunca respondió los mensajes. Mis ángeles me dijeron que temía comprometerse si escribía. Después de todo, en su vida pasada sufrió mucho por compartir secretos esotéricos.

Así que, en meditación, le pedí a Hermes que llenara los espacios en blanco. De inmediato escuché una voz masculina grave que decía que la Atlántida ascendió. *Es el lugar de los castillos cristalinos que visitas cuando tu alma viaja en sueños.* Hermes me recordó que él creó la frase "Como es arriba, es abajo", que se refiere al hecho de que la Atlántida fue un intento de traer el Cielo a la Tierra. No obstante, no pudo quedarse en esta densa energía y tuvo que ascender.

Al día siguiente, impartí un curso en Brisbane para los graduados del curso Angelointuitivos del año anterior. Decidí conducir a la clase a una meditación usando el método de la cama de sanación de la Atlántida. Mientras lo hacía, vi a las siete altas sacerdotisas que estaban encargadas de radiar luz de color a través de la punta de los cristales colocados sobre los chakras. Después, físicamente distinguí que entró un sacerdote de alta jerarquía. Al principio, me preocupó que molestara a los alumnos que estaban meditando, pues mis experiencias pasadas con los sacerdotes de la Atlántida no fueron muy positivas. Pero cuando vi bien el rostro del alto sacerdote, di un grito ahogado. ¡Era Merlín! Trabajé con él muchos años y lo conocía muy bien. Parecía mago y en esta visión, que no cesaba de describir a mis alumnos en meditación, Merlín estiró los brazos y colocó las manos sobre el individuo que estaba en la cama sanadora de cristal. Merlín alivió las heridas síquicas y eliminó los desechos tóxicos de la persona.

¡Y frente a mis ojos se transformó en Hermes! Volví a dar un grito ahogado al tiempo que describía lo que veía a los alumnos. *¡Merlín y Hermes eran el mismo hombre!*

En cuanto entré a la habitación del hotel, al final del curso, fui directo a una sesión de canalización y le pedí a Merlín/Hermes que me explicara.

—¿Cómo se relaciona Hermes con Merlín? —Pregunté.

—Nos descubriste esta mañana, cuando regresaste a la Atlántida. ¡No pude cambiar de forma con la rapidez suficiente para engañarte! Es una broma, cariño. Fue una revelación para agasajo de tu público. ¿Te acuerdas que te dijimos que Avalon y la Atlántida fueron simultáneas? Bueno, yo era el encargado de ambas tradiciones, estaba en ambos extremos del camino.

El faraón egipcio Ramses también me invocaba y lo visitaba a la hora del sueño. Ahí recibí el nombre que él me dio: Thoth o Radah, y me convertí en una figura legendaria porque no me aparecía en forma física, sino en estado metafísico en el sueño. Muchos de los "dioses" y "diosas" se aparecían porque eran seres vivos muy evolucionados que se volvían místicos en los sueños y las meditaciones.

—¿Y la luz dorada que veo en la pirámide del templo de sanación de la Atlántida? —le pregunté.

—Sí, es la llama eterna del Dios-verdad, que puse de cabeza y clavé en el centro de la tierra para asegurar su continuación por millones de años en el futuro. Se envió a los diferentes centros de adoración y oración que ahora conoces como centros de energía, y por eso su rastro, lo que llamas líneas de luz, conduce a cada ubicación. Simplemente es una manera de tomarnos de las manos en espíritu unificado. Cualquiera puede invocar la llama a la hora que desee, y agradezco que le eches leña al fuego enviando la luz dorada que todos llevan dentro hacia la atmósfera interior de la tierra.

Tampoco olvides que el agujero que está en el techo del templo dirige la luz dorada del sol hacia la pirámide de cristal. ¡Como es arriba, es abajo! La luz dorada curativa del sol es un reflejo del Dios-amor que buscas. Disfrútala, caliéntate y sánate con ella, y dile a los demás que no se alejen del sol, ni se escondan del amor que buscan.

—¿La Atlántida estuvo donde ahora está Santorín?

—La Atlántida estuvo en varios lugares de la tierra. Está más cerca de lo que hoy conoces como Shambala, en la costa de Indonesia y el centro de Bali. También tuvo contacto con Australia. La península que percibes que une a Grecia con Egipto es correcta, y por millones de años fue la predecesora y la sucesora de la Atlántida. Eso fue en un periodo intermedio de acción humana, y los griegos eran idealistas que lanzaron a la humanidad en muchas direcciones.

Pitágoras era alumno mío, etérica y físicamente. Lo conociste bien en el antiguo Egipto, donde en alguna época estudiaste con él. Fuiste alumna suya de muchas maneras y en muchas vidas. Pitágoras sabía escuchar y no le daba miedo poner en práctica estos conocimientos.

Viví en Egipto bastante tiempo después de que se hundiera la Atlántida. En ese entonces, asumí mi personaje físico como Thoth, lo que sorprendió a mucha gente que sólo me conocía en sueños. Llevé conmigo a Egipto todos los conocimientos curativos e intelectuales que forjamos en la Atlántida.

EL ÁNGEL Y LA SERPIENTE

El hotel de Brisbane estaba cerca de un jardín botánico que tenía un lago de patos, antiguos ficus, y muchas aves y zarigüeyas. Todos los días, Steven y yo íbamos a trotar al parque y disfrutábamos el sol y el aire fresco.

Desde que Hermes, los ángeles de la Atlántida y las piedras de Stonehenge me hablaron de la importancia del sol, las estrellas y la luna, salgo mucho más. Steven y yo pasábamos cuando menos una hora al aire libre sin lentes de sol todos los días. Cuando estábamos adentro, abríamos las ventanas y las puertas del balcón para que entrara aire fresco y la luz del sol y de la luna. Comenzamos a limitar nuestra estancia en hoteles y elegíamos lugares con ventanas que se abrieran, y de preferencia con balcones con puertas que pudiéramos abrir para conectarnos con el exterior.

Siempre supe que cuando trotaba, el flujo de oxígeno creaba una conexión más fuerte entre el reino de los ángeles y yo. Los ángeles me dijeron que en el plano de la Tierra, sus mensajes se transportaban en las moléculas de oxígeno. Entre más aire respirábamos, más fuerte era la conexión. Así que un día que estaba trotando en el parque de Brisbane, no me sorprendió empezar a recibir gran cantidad de mensajes de los ángeles.

"El cuerpo humano está conformado por la serpiente y el ángel", me dijeron. Fue un mensaje constante que recibí casi durante un año. "La cabeza de la serpiente es el bulbo raquídeo, que se conoce como 'cerebro de reptil'. El cuerpo de la serpiente es la columna vertebral y el sistema de alineación de los chakras. La serpiente es tu naturaleza instintiva, que te protege y está relacionada con el instinto de supervivencia. La serpiente necesita luz y calor para sobrevivir, así que cuídenla bien. Representa la luz del cuerpo. Está conformado con luz pura".

El lado angelical de la humanidad es la parte que es puro amor. No importa cómo actúe o se comporte una persona, recuerda que lleva un ángel dentro. Esta parte es el alma y el espíritu. Se alimenta de amor, darlo y recibirlo. La salud ideal se logra cuando prestas atención a la serpiente y al ángel que llevas dentro. No ignores a ninguno, mejor aliméntalos con abundante luz y amor.

"Los sabios de la Atlántida sabían de la unión de la serpiente y el ángel, y la representaron en su medallón curativo llamado 'el caduceo', que es la mezcla del ángel y la serpiente".

No me acordaba bien cómo era un caduceo, sólo sabía que era una serpiente enrollada en un bastón. Estaba ansiosa por terminar de correr para entrar a Internet y buscar el símbolo. Escurriendo de sudor, entré a la sección de imágenes de Google y escribí la palabra *caduceo*.

Di un grito ahogado cuando aparecieron miles de imágenes. ¡El caduceo que ves abajo tiene alas en la cabeza del bastón y dos serpientes enrolladas! Como los ángeles

me dijeron mientras corría, era el símbolo perfecto de la unión de la serpiente y el ángel.

Y qué maravilla que la comunidad médica haya adoptado este símbolo para representar a la salud. Es una muestra de la tradición antigua del cuidado del yo superior y el inferior, y del equilibrio de las necesidades físicas y espirituales. También demuestra la aceptación del lado oscuro. En lugar de negar nuestro lado oscuro, o avergonzarnos de él, la verdadera salud es aceptar el lado negro de Nuestra alma. Después de todo, esas sombras eran de naturaleza instintiva.

Las dos serpientes también representaban la doble hélice de nuestro ADN. Recordé el libro de mi amigo Gregg Braden, *El código de Dios* (traducido y publicado en español por Grupo Editorial Tomo), en el que relacionó el código del ADN con el hebreo antiguo. Gregg descubrió que aunque el ADN de cada persona es único e individual, cada par tiene el mismo código numérico del valor de la palabra *Dios* en hebreo. En otras palabras, Dios está grabado en los genes de todos.

Entonces exploré la historia de los caduceos y encontré que era el bastón curativo que Hermes portaba en la Atlántida y en el antiguo Egipto. Todo es un círculo. Resurgieron los antiguos secretos de los templos de sanación de la Atlántida y estaban grabados en las sencillas y sabias palabras que el Dr. Chronis me dijo en la isla Santorín:

Luz más amor igual a sanación

PARTE II

Pasos e Historias de la Medicina de Ángeles

CAPÍTULO 10

Introducción a los principios de la Medicina de Ángeles

En esta parte del libro, hablaré de la aplicación práctica de la premisa "luz más amor igual a sanación". Medicina de ángeles se refiere a que debemos concentrarnos en los aspectos físico (luz) y espiritual/emocional (amor) de nosotros mismos, o de la persona a quien queremos sanar. Ambos componentes son igual de importantes para dar equilibrio, armonía y bienestar a la salud física, emocional, intelectual y espiritual de un individuo. Los métodos de la medicina de ángeles también sanan la vida material, alivian finanzas y a los objetos que llamamos inanimados, como leerás en las siguientes páginas.

Existen muchas maneras de trabajar con la luz y el amor, y puedes elegir entre ellas cuando escojas el tipo de sanación que necesitas. En muchas de las historias que hablan de sanación que se incluyen en esta Parte II, verás que las curaciones más drásticas y rápidas por lo general ocurren cuando los componentes de la luz se mezclan con los componentes del amor. En pocas palabras, entre más amor y más luz envíes, mejor.

COMPONENTES DE LA LUZ SANADORA

La luz es esa parte de nosotros que está conectada a la vida en la Tierra y está conformada por los instintos, el cuerpo físico y los chakras; tiene vibraciones, por lo que puedes utilizar energía curativa como Reiki o Masaje terapéutico. La luz también está compuesta por colores, por eso también puedes recurrir a la visualización de colores que protegen y sanan. La luz es nuestro cuerpo físico de energía.

Éstas son algunas formas de enviar más luz a una situación cuando realizas una sanación para ti o para otros:

- Imaginar con claridad los resultados deseados.
- Trabajar con cristales.
- Absorber directamente la luz del día, la del amanecer, la de la puesta del sol, la de las estrellas o la de la luna.
- Enviar energía curativa, como Reiki, Prana, Qigong, Masaje terapéutico, etcétera.
- Limpiar los chakras, cortar lazos esotéricos, liberar al espíritu y limpiarte bien.
- Visualizar y rodear a ti o a la persona con luz y con colores.

COMPONENTES DEL AMOR SANADOR

Los elementos del amor son el alma, el espíritu y el cuerpo emocional (que es el puente entre el yo físico y el espiritual). Para trabajar con amor hay que hacer lo siguiente:

- Tener fe y confianza
- Liberarte de temores
- Tener compasión
- Ser agradecido
- Rezar y meditar
- Ser sutil contigo y con los demás

ÁNGELES: AMOR Y LUZ

Nuestras peticiones son escuchadas cuando invocamos a los ángeles para que intervengan en una sanación porque ellos dan luz y amor a cualquier situación o persona. Si le pides que estén al lado de la persona que los necesita (tú u otro individuo), lo hacen con el cálido resplandor de su brillante luz interior y con amor incondicional, con su naturaleza tranquila y llena de fe.

Cuando algo nos preocupa, lo primero que perdemos es la fe; pero los ángeles nos enseñan a reforzar nuestra confianza y nos hacen sentir la seguridad de que todo saldrá bien. Recibimos su fe Divina. Los ángeles nos ayudan a liberar miedos para que nos llenemos de confianza. Como el maestro sanador y predicador Jesús enseñó toda su vida: "La fe mueve montañas".

En los próximos capítulos aprenderás a trabajar con la luz y el amor para sanar, y también conocerás las historias de personas cuya salud y vida se curaron gracias a la invocación de luz y amor.

CAPÍTULO 11

La luz, decisiones muy claras

Para hacer una petición, es esencial que estés seguro de lo que deseas. La medicina de ángeles funciona al instante y la salud se recupera de inmediato, la clave es que tengas muy claro que necesitas sanar de inmediato. No dudes ni cuestiones si estás haciendo lo correcto o no. Algunas personas consideran que pedir al Cielo es una blasfemia, y ese miedo interrumpe la sanación. La claridad de tus pensamientos es la que produce los resultados.

Nuestra luz interna proviene de nuestra parte instintiva. Los animales y las aves sobreviven por instinto; cuando una serpiente ubica a su presa, lo hace con la clara intención de alimentarse y no duda pensando: *¿Y si no merezco comer? ¿Y si eso no es lo que Dios quiere para mí?* Si la serpiente no tuviera claras sus intenciones, se moriría de hambre. Aunque nosotros no necesitamos acechar presas para sobrevivir, sí debemos tener intenciones claras para manifestar nuestras necesidades. Debemos honrar a los instintos.

No es lo mismo que forzar las cosas para que sucedan. Siempre que *intentamos* hacer que pase algo, nos bloqueamos y no logramos la meta. Eso se debe a que la negatividad asociada a la fuerza y a la tensión atraen lo que tememos. Estos miedos se traducen en ansiedades provocadas por la incertidumbre de si vamos a lograr el objetivo, si nos lo "merecemos", si vamos a obtener el resultado deseado y si éste será permanente, y también influye lo que la gente piense de nuestro éxito.

Tener intenciones claras significa tener una actitud relajada y confiada. Piensa que si estás sano, estás en mejor posición para ayudar a tus seres queridos y a la comunidad. Como persona fuerte, sana y segura, cuentas con más recursos que te permiten actuar con mayor libertad, alegría y pasión.

SUPERACIÓN DEL MIEDO A SANAR

Si una parte de ti quiere estar sana pero a la otra le da miedo, se bloquearán tus peticiones; para sanar debes tener muy claro que tu intención es recuperar la salud. Si los deseos son claros, los milagros, como las curaciones instantáneas, son posibles.

En *Curso de Milagros* se dice que las sanaciones instantáneas son algo normal; no obstante, mucha gente piensa que es muy raro que las enfermedades desaparezcan de inmediato. Esto se debe a que la medicina occidental afirma que el alivio llega con el tiempo... lentamente... después de vivistas regulares al médico y de tomar medicinas durante semanas o meses. Aunque deseamos obtener una sanación rápida, ésta nos da tanto miedo como los fantasmas; así que cuando oramos por la salud, lo hacemos con un pie en el acelerador y el otro en el freno, es decir, de manera inconsciente rezamos para que ocurra y al mismo tiempo para que no ocurra porque nos da miedo.

Los temores de algunos de mis pacientes están profundamente arraigados, según ellos no *merecían* aliviarse al instante y no aceptaron la sanación cuando ésta sucedió. Recuerdo que una mujer me pidió que aliviara un furúnculo que tenía en el oído. Coloqué las manos en sus lóbulos y envié energía por el oído al mismo tiempo que afirmaba que estaba sanado; en ese momento, el grano comenzó a drenar y a deshacerse. La mujer se tocó el oído y no dejó de exclamar que no podía creer que se hubiera aliviado tan rápido; entonces, le conté una historia famosa de Louise Hay que se parece mucho a este caso.

Louise dice que una vez alivió a una paciente que usaba anteojos. Al final de la sesión, la mujer veía perfectamente y estaba feliz; sin embargo le impresionó tanto la rapidez con la que sucedió la curación, que no dejaba de decir: "¡Dios! ¡No puedo creer que ya no necesite lentes! ¡No puedo creerlo!". Afirmó tantas veces que no creía que su vista estuviera bien, que al poco tiempo necesitó anteojos otra vez.

¿Por qué le tenemos miedo a la salud? En mi trabajo como sanadora he descubierto las siguientes razones.

—Miedo a la "voluntad de Dios". Algunas personas creen que la voluntad de Dios es que estén enfermas y temen transgredir una voluntad más poderosa que la suya.

Aunque si realmente creemos que Dios es amor y bondad, ¿por qué el Creador no desearía que tuviéramos amor y bienestar? Alguien que es todo amor jamás nos pondría a "prueba", ni recurriría al dolor para hacernos crecer. ¿No somos más útiles para Dios si nuestra energía y salud están en perfecto estado? Cuando reces por tu salud, hazlo con la certeza de que *eso* es lo que el Señor quiere para ti. Eres uno de los muchos miembros de las tropas de ángeles terrestres, y todas las manos son requeridas para echar a andar el plan de paz de Dios. Cuando un trabajador de la luz falla en la labor que le corresponde, provoca que otro trabajador de la luz haga la tarea por dos.

—Ambivalencia respecto al sufrimiento. Algunos individuos creen que la vida está llena de sufrimientos y que éstos son inevitables. En su opinión, no pueden liberarse del sufrimiento y entonces para qué molestarse en trabajarlo.

Mucha gente me ha dicho que considera que el sufrimiento es la única vía para crecer personal y espiritualmente; cree que su alma pagará las consecuencias si ignora las importantes lecciones de vida inherentes al dolor. Sin embargo, los ángeles me han dicho que aunque definitivamente el sufrimiento nos fortalece, también crecemos, y más rápido, a través de la paz.

Cuando tenemos paz interna, contribuimos de manera significativa a la paz *mundial* e inspiramos a otros con nuestra paz. Ni las heridas ni la enfermedad sirven de inspiración. Pero siempre resulta alentador ver cómo se superan o alivian las limitaciones físicas.

—Miedo al cambio. Las enfermedades o lesiones crónicas pueden convertirse en un estilo de vida y un proyecto a largo plazo, y la salud dejaría un espacio vacío al que mucha gente teme por instinto. En *Curso de Milagros: Manual para Maestros* dice que "toda forma de enfermedad, e incluso la muerte, son expresiones físicas de miedo al despertar". En otras palabras, la enfermedad mantiene nuestras mentes y agendas tan ocupadas, que nos impide hacer una evaluación interna de nosotros y de nuestra misión en la vida.

—Beneficio adicional. Aceptémoslo, cuando estamos enfermos recibimos una gran cantidad de tarjetas, flores y compasión, dejamos de ir a trabajar, o a la escuela, y nos pagan por incapacidad; quizá de manera inconsciente deseamos seguir recibiendo esos regalos y como resultado nos negamos a aliviar nuestro cuerpo.

—**Autoestima.** Muchas de las personas a las que les he dado terapia han aceptado que, muy en el fondo, creen que no merecen la salud ni la felicidad y no saben si se han ganado la oportunidad de que el Cielo escuche sus peticiones, pues han vivido vidas imperfectas.

Mi labor es ayudarlos a entender que la vida de nadie es perfecta, pero que todos somos hijos perfectos de Dios; nos ama por igual, sin condición.

—**Ideas fijas sobre la salud.** Hay individuos que están convencidos de que heredarán una condición genética, que la enfermedad es inevitable, o que cierto padecimiento es intratable. De cierta manera, los médicos ponen maldiciones a los pacientes cuando les dan diagnósticos definitivos, y como creemos en ellos, manifestamos los síntomas. Los anuncios sobre enfermedades y medicinas, y las campañas de publicidad que los medios de comunicación hacen de las epidemias, ejercen una gran influencia en nosotros.

EXPECTATIVAS CLARAS, RESULTADOS CLAROS

La *claridad* con la que desees sanar rápido y su *aceptación* son igual de importantes. La dueña de un importante spa de San Francisco me contó que le diagnosticaron cáncer; cuando la llevaban en la camilla a la sala de operación, dijo en voz alta: "¡No tengo tiempo para esto!". Y lo dijo en serio, pues las exigencias de su negocio la mantienen ocupada todos los días y no tiene tiempo para operarse ni para recuperarse. Cuando la abrieron, los médicos se sorprendieron porque el cáncer había desaparecido.

Imponte al Universo y dile tus condiciones. No faltará que alguien pregunte: *¿Y la voluntad de Dios?* Pero ése es un asunto individual. Estoy convencida de que a todas las personas nos llega la "hora" de ir a casa, al Cielo, momento que nosotros decidimos con Dios y con los ángeles antes de encarnar.

También creo que Dios está omnipresente en el interior de cada uno de nosotros; esto significa que la voluntad de Dios está en todas partes, y por encima de la tuya. Un Dios amoroso jamás querrá que sufras, como tú nunca quisieras ver sufrir a tus hijos.

Es verdad que se crece a través del dolor, pero también es cierto que se crece a través de la paz. Exige, ordena y espera paz en todos los sentidos, y la tendrás.

Algunas personas le temen a la salud porque para ellas la enfermedad es una inversión. Trabajé con una mujer que estaba enganchada a la enfermedad, era su proyecto, su amor, su hija; si se aliviaba, ¿con qué llenaría ese vacío? La sola idea de tener un cuerpo sano le provocaba ansiedad, no sabía qué iba a hacer con su nuevo tiempo libre, qué significado tendría su vida. Ahora tendría que buscar un proyecto con sentido, y eso implicaba éxito o fracaso... dos de sus grandes temores.

Otros pacientes confesaron que para ellos salud y paz son sinónimos de aburrimiento. Los problemas son emocionantes y generan una agradable producción de adrenalina, pero la paz y la salud nos brindan la oportunidad de experimentar diferentes tipos de emoción, como dedicarnos a la causa de los animales, a viajar, a ayudar a la familia.

> Una mujer de nombre V. J. Williams se impuso al Universo y se curó al instante. El potrillo de su vecino saltó la cerca y quedó suelto en una transitada vía, y V. J. ayudó a arrear al caballo de regreso a su potrero. El animal estaba asustado y pateaba

con ambos cascos; V. J. recuerda: "Uno de los cascos me pegó en el esternón y caí de rodillas, sin poder respirar". Las radiografías que le tomaron en el hospital indicaron que tenía rota una costilla. Los médicos le vendaron las costillas y la mandaron a casa a descansar dos días. El dolor era intenso y trataba de no moverse; al tercer día, V. J. se fue a trabajar, aún estaba adolorida, pero podía hacer sus cosas. Al poco tiempo aparecieron síntomas que indicaban que la lesión era peor de lo que imaginaba. "Me di cuenta que cada vez que me agachaba y me enderezaba para agarrar los documentos de mi escritorio, un gorgoreo me recorría de arriba abajo en el área de los pulmones. Cuando me inclinaba hacia adelante, el burbujeo bajaba por la espalda y subía cuando me enderezaba. Esto sucedió de miércoles a viernes, y sin que nadie me dijera, sabía que tenía perforado un pulmón. Eso significaba otra visita a la sala de urgencias y gastos fuertes, pues en mi nuevo trabajo todavía no tenía seguro médico".

La primera visita al hospital le costó $2,500 y V. J. aún no sabía cómo iba a pagar *esa* cuenta, por eso le preocupaba mucho generar más gastos médicos. Esa noche, cuando V. J. estaba haciendo la maleta que llevaría al hospital, empezó a llorar fuerte y a rezar pidiendo ayuda. ¡Necesitaba un milagro, y lo necesitaba ya! Las claras intenciones que tenía al rezar hicieron que su deseo se cumpliera.

V. J. cuenta lo que sucedió después: "¡Me agaché y ya no había burbujeo! ¡Me agaché muchas veces más y ya no sentía el gorgoreo! Despareció y nunca regresó. Lloré más fuerte que antes en agradecimiento a mis ángeles y a Dios por haberme aliviado. ¡Bendito milagro!"

Jamás volvió a tener problemas con los pulmones, y sus costillas sanaron rápido y por completo. V. J.

dice: "Ese día aprendí una lección valiosa: *nunca estamos solos* en los momentos difíciles y de desconcierto. Lo único que tenemos que hacer es pedir".

ESPERA UN MILAGRO

Los ángeles *quieren* ayudarnos, pero no pueden intervenir si no *les pidamos* su asistencia. No les digas *cómo* ayudarte, sólo pide lo que quieres. Tus deseos deben ser claros, no olvides que las intenciones muy claras producen luz y ésta ilumina tu petición.

Por ejemplo, si estás sangrando, llama al arcángel Rafael y dile: "¡Rafael, detén este sangrado de inmediato!" No te preocupes si eres autoritario, agresivo o irrespetuoso, los ángeles responden a las peticiones claras. Sé que si llamo así a Rafael y al mismo tiempo aplico presión en la herida, el sangrado se detiene rápido. Nada más lava el exceso de sangre y la mugre que haya alrededor de la cortada, y asegúrate de decirle "Gracias" a Rafael.

A Alex Woburn, de 16 años, le sangraba la nariz con frecuencia. Un día, pidió a sus ángeles de la guarda que detuvieran el sangrado. Alex dice: "Mis ángeles la pararon en cuanto se los pedí".

Los ángeles también te ayudarán a disminuir, o eliminar, el dolor físico. Entrégate por completo a la situación y dile a Dios y a los ángeles: "Les ofrezco todo esto a ustedes. Llévense el dolor, ya no lo soporto". Los resultados son instantáneos.

Una vez más, Alex Woburn cuenta cómo sus ángeles desaparecieron el dolor cuando se los pidió.

> Un día en la escuela, una enorme cama elástica me cayó en el pie. Tenía los dedos morados, casi negros, la uña del dedo gordo desprendida y la piel del pie rasgada. Tuve que quedarme dos días

en casa y apenas podía caminar. Al fin, pedí a mis ángeles de la guarda que intervinieran y aliviaran mis dedos.

Diez minutos después de haber pedido ayuda, lo morado despareció de mi dedo gordo, la uña se aclaró y el dolor disminuyó; puede volver a caminar bien, sin cojear. No fue coincidencia, me ayudaron a sanar mi dedo.

No obstante, la uña quedó colgada de la base y el médico tuvo que quitármela. Me dijo que el procedimiento podría dolerme, así que recé a los ángeles para que aliviaran el dolor. Antes de darme cuenta, me quitaron la uña, y sin ningún dolor. La doctora estaba impresionada porque ni siquiera me quejé, y me preguntó si mi tolerancia al dolor era alta. Pero yo sabía que mis ángeles de la guarda estuvieron junto a mí y me ayudaron, cosa que les agradecí inmensamente.

IMPONTE

Tener intenciones muy claras significa que sólo aceptarás el resultado que pediste. Como he dicho, es importante no decirle al Cielo *cómo* crear lo que pedimos... sino que tengamos muy claro qué queremos y qué no.

De ser necesario, imagina que estás protegiendo a un ser querido. A veces, nos volvemos más protectores cuando se trata de un hijo o de una mascota que de nosotros mismos. Si no puedes sanarte, sólo piensa en cuánta gente más vas a ayudar si estás curado.

El punto es que tengas ideas claras e impongas tus deseos, como lo hizo Wendy Eidman.

Una mañana, Wendy estaba preparando waffles y por accidente se quemó el dedo con la superficie caliente de la wafflera; el dolor era muy fuerte y de inmediato se le formó una ampolla. Mientras se echaba agua fría, Wendy rezó al arcángel Miguel para que aliviara su quemadura. El dolor cesó por un tiempo, pero después regresó; volvió a orar, y obtuvo el mismo resultado.

Después de una hora de este ir y venir de dolor y calma, Wendy se sentó y exigió que desapareciera el dolor porque no permitiría que regresara, ¡pasara lo que pasara!

Wendy dice: "¡Y quién lo iba a decir, funcionó! Me alivié de inmediato y la ampolla se desinfló. Pude lavar los platos y bañar a mis hijos, y vaya que el agua caliente es insoportable en las quemaduras. ¡No sentí nada! Estaba total y completamente aliviada, y del todo convencida que fue por la gracia de Miguel".

Tener intenciones muy claras hace que tu sistema se vuelque hacia la manifestación de tu deseo, toda su energía se dirige hacia esa dirección y los resultados positivos son inevitables.

SI NO ESTÁS SEGURO DE LO QUE QUIERES...

¿Qué pasa si no sabes qué quieres, o si te da miedo pedir algo "equivocado"? Si es el caso, imagina el mejor escenario. Si no te ves manifestando tanta bondad, piensa que un ser querido lo hace; después transpórtate a la escena.

Si temes elegir "mal", recuerda que no eres tú quien toma la decisión; en otras palabras, si no haces una petición... estás decidiendo dejar las cosas como están. La mejor manera de manejar este miedo es pensar en el mejor resultado y decir: "Esto, o algo mejor, Señor".

Así permites que tus opciones mejoren y no te limitas a una sola; también abres la puerta para que los ángeles te ayuden a elegir lo mejor. Te liberarás del miedo a tomar una decisión incorrecta, y tu audacia te ayudará a hacer una petición más precisa más rápido.

Una vez que cuentas con el firme propósito de tener salud en todas las áreas de tu vida: física, emocional, espiritual, intelectual, romántica, financiera, etc., entre más métodos utilices para dar luz y amor a tu vida, mejor. En el siguiente capítulo, se hablará del uso de cristales para aumentar la luz sanadora.

CAPÍTULO 12

Sanación con cristales

Desde la época de la Atlántida, y quizá desde antes, los cristales se han usado para realizar sanaciones porque amplifican la energía natural a través de un proceso llamado "piezoelectricidad". Hoy en día, los hospitales utilizan cuarzos, microcabestros y sensores piezoeléctricos de cristal en el diagnóstico y la curación. Los cristales se usan en radios, relojes, y demás aparatos eléctricos.

Cuando hago interpretaciones síquicas por teléfono, junto a éste pongo cuarzos transparentes para aumentar mi conexión; en otras palabras, no hay duda que los cristales tienen el poder de incrementar la energía.

Una vez, minutos antes de que empezara la conferencia que iba a dar, compré en una exposición un colgante de sugilita; me lo puse de camino al auditorio, y de inmediato comenzó la primera canalización pública del arcángel Miguel. Desde entonces, cuando debo comunicarme con

Miguel ante la audiencia, siempre uso sugilita, pues descubrí que la piedra está conectada con su energía.

También me di cuenta que si me pongo una amatista grande o una piedra de aura color agua junto a la garganta, me es más fácil dar conferencias largas y pesadas (como mis cursos de certificación, que duran tres o seis días, y en los que hablo todo el día). Los cristales largos colocados junto al chakra de la garganta incrementan su energía, y me ayudan a evitar la fatiga o el ardor. Si uso cristales *pequeños* cuando voy a dar una conferencia, mi energía de habla se agota.

Los cristales aumentan la luz y la energía de nuestros chakras, así como la energía corporal, y también alivian desequilibrios.

> Una enfermera australiana de nombre Elisabeth Jensen experimentó una sanación profunda con la ayuda de un cristal y los ángeles. Hace 11 años, padecía una severa depresión, le salió un tumor benigno en la pituitaria que afectó todo su sistema hormonal, y sufría de dolor crónico de espalda. Por si eso fuera poco, el novio de Elisabeth, que era muy violento y abusaba de ella, tenía una herida que le supuraba de manera crónica y no respondía a ningún tratamiento.
>
> Elisabeth poseía la capacidad clarividente de ver la energía y el aura de las personas, y un día compró un cuarzo transparente. Cuando estaba enseñándole el cristal a su novio, sucedió algo mágico; el cuarzo hizo que del chakra de la corona de Elisabeth y de sus manos emanara una luz blanca hacia su novio. Elisabeth dice: "Me sentí muy tranquila y llena de alegría, puse las manos sobre él, como si me lo hubiera indicado la voz de un ángel. Después de media hora, despareció la energía y los dos nos sentimos de maravilla, con paz. Ese día, ambos

cambiamos para siempre. Al día siguiente, la herida de él había sanado por completo, sólo le quedó una pequeña cicatriz, y desde entonces cesaron los abusos físicos".

Como resultado de la luz blanca proyectada por el cristal, el tumor de Elisabeth también desapareció, así como la depresión y el dolor de espalda, y físicamente se volvió más consciente de los ángeles. Ahora da talleres sobre el tema.

NIÑOS DE CRISTAL

La nueva generación de niños, los Niños de Cristal, por naturaleza se interesan por, y tienen el don de, la sanación con cristales, una de las razones por las que esa generación recibe su nombre. Estos jóvenes saben por instinto qué cristales usar para sanar y de qué forma poner en práctica esa información.

Stephen y Karen Williams se dieron cuenta que su hija de 5 años, Sabrina, demostraba un gran interés en los cristales; en poco tiempo se aprendió los nombres de los diferentes cristales y con frecuencia elegía los que la familia compraba y llevaba a casa.

Una noche, Sabrina les dijo a sus padres que necesitaba sanarse con cristales. Después de haber elegido algunos, Karen empezó a enseñarle a su hija cómo colocarlos sobre los chakras principales; la niña interrumpió a su madre y dijo: "Mami, sé dónde van, ya lo he hecho antes", y procedió a poner los cristales en sus chakras para sanarse a sí misma.

Karen dice: "Su conexión con los cristales es tan natural y buena, que estoy segura que la obtuvo mucho antes de llegar a esta vida".

¿Niños como Sabrina vivieron en la época de la Atlántida? ¿Allí aprendieron a usar los cristales para incrementar la energía de los chakras a lo largo de la columna vertebral? Muchos niños de la generación de los que apenas empiezan a caminar tienen un asombroso conocimiento de la sanación con cristales que hace que uno se lo pregunte...

> Carri Lineberry comenta que su hija de tres años, Maia, conserva una amatista debajo de su cama. Carri dice: "La encontré un día y la quité; de inmediato, Maia se dio cuenta que el cristal había desaparecido, volvió a ponerlo allí y me dijo que ése era su lugar".

La extra sensibilidad de esta nueva generación de niños los hace mucho más conscientes del valor terapéutico de tener cristales cerca. A la edad de 3 años, Maia está demostrando que sabe trabajar con cristales, conocimiento que por lo general está reservado para adultos con experiencia en el arte de la sanación.

> *Shailyn, la hermana de 5 años de Maia, también tiene conocimientos innatos de la sanación con cristales. Una mañana, Shailyn encontró el cuarzo rosa que acababa de comprar su mamá; sin que nadie le dijera ni le enseñara, la niña tomó el cristal y colocó la punta en el centro de la frente de su madre y dijo: "Mami, puedo aliviar a la gente con esto, y tú puedes hacer cirugía con él".*

Los niños como Maia y Shailyn, ¿dónde tuvieron acceso a estos conocimientos sobre sanación, que demuestran con completa confianza? Los aprendieron en una vida pasada o recibieron los datos en un sueño o como información canalizada. Quizá la sanación con cristales es un conocimiento innato que todas las almas tenemos, pero que a veces olvidamos. No obstante, vale la pena prestar atención a la información sobre sanación con cristales que "sale de la boca de los niños".

RECUPERACIÓN DE LA SABIDURÍA ANTIGUA

La sanación con cristales es una práctica antigua que resurgió hace poco, y los sanadores están empezando a incorporar el uso de cristales en sus prácticas con más frecuencia. Los recuerdos de cómo se practicaba la sanación en la Atlántida están inspirando a más y más masajistas para poner cristales en las mesas de masaje para que sus pacientes se acuesten en ellos. Los practicantes de Feng Shui sugieren que se coloquen cristales específicos en la casa para realizar cambios positivos, y los sanadores espirituales colocan cristales específicos en los cuerpos de sus pacientes para equilibrar, limpiar y aliviar enfermedades y falta de armonía.

> K. G. de New Brunswick, Canadá, visitó a un sanador con cristales para que le aliviara el dolor de cuello. El sanador, que usó tratamientos de Reiki y Masaje terapéutico junto con cristales, identificó que el dolor de cuello de K. G. era producto de una energía bloqueada en esa región.
>
> Durante la primera sesión, el sanador colocó un cuarzo color humo debajo del cuello de K. G., y le explicó que la ayudaría a anclar (liberar y equilibrar) el problema. Al principio, el dolor de K. G. se alivió, pero regresó minutos después. El sanador dijo: "El cristal está lleno". Igual que la bolsa de una aspiradora llena de polvo, el cuarzo gris necesitaba limpieza, así que el sanador lo limpió y una vez más comenzó a extraer la energía de dolor de K. G. Además del cuarzo color humo, el sanador le dio

una calcita a K. G. para que la sostuviera en una mano, y una amatista en la otra; el sanador le explicó que estos cristales ayudaban a mover la energía y a sacarla del cuerpo.

K. G. dice: "Cuando comencé a usar más los regalos que recibí para sanar, mejoraron las cosas. El cuello me dolía de vez en cuando y entonces utilizaba los cristales, entre los que ahora también hay hematites, cuarzo transparente y cuarzos grises para eliminar el dolor". K. G. dice que cuando el dolor se presenta, se acuerda que tiene que usar con más frecuencia sus regalos. El dolor la motiva actuar, lo que, junto con las propiedades curativas de los cristales, ayuda a sanar su cuello.

Igual que K. G., he descubierto que el cuarzo gris es excelente para llevarse toxinas, desechos síquicos, entidades y situaciones no resueltas del pasado. Con sólo colocar la punta de un cuarzo gris junto a mi cama, con la punta lejos de mí, tengo algunos de los sueños más limpiadores y terapéuticos de mi vida. Esta capacidad de los cristales para extraer la oscuridad del cuerpo es incomparable.

Fiona, de 16 años, de Escocia, alivió su migraña con cristales. Se acostó en la cama, con un heliotropo en la mano derecha y un ágata verde en la izquierda, y se puso un cuarzo transparente en forma de corazón en la frente, excelente piedra para limpiar el área del tercer ojo.

Fiona se visualizó dentro de un círculo y pidió que éste la protegiera de cualquier energía baja; en el interior del círculo sólo había energía de amor. Después, Fiona visualizó que el ágata verde enviaba energía de luz sanadora hacia su cuerpo, eliminando todo lo que le provocaba migraña; pidió que el dolor y la energía negativa se mandaran al heliotropo que tenía en la mano derecha. Respiró hondo y con calma, y en poco tiempo desapareció la migraña.

Cuando Fiona se levantó, se dio cuenta que el heliotropo estaba negro. La energía negativa y el dolor se pasaron a la piedra, como lo pidió.

Las piedras verdes, como el ágata que Fiona usó, o la malaquita, son amplificadores maravillosos de la luz verde sanadora que proviene del chakra del corazón... y también del arcángel Rafael.

LOS QUINCE ARCÁNGELES Y SUS CRISTALES

Los arcángeles son los capataces o supervisores de los ángeles de la guarda; son muy grandes, poderosos y cariñosos. A pesar de que no tienen género, sus especialidades y objetivos específicos les asignan energía masculina o femenina.

Igual que los ángeles, los arcángeles no fungen como confesores, pero ayudan a quien se los solicite. Como no tienen restricciones de tiempo o de espacio, pueden estar con muchas personas en el mismo momento. Cualquier persona que llame a un arcángel, obtiene respuesta, sin excepción.

Cada arcángel tiene un color de aura particular, el cual está relacionado con su objetivo específico. Para invocar y desarrollar una relación más íntima con los arcángeles, puedes usar ciertos cristales, ya sea que los uses como colgantes o los tengas cerca de ti.

A continuación, se mencionan a los quince arcángeles más importantes, su objetivo relacionado con la salud, sus colores de aura, y sus cristales. (En la guía de la Parte III de este libro, encontrarás información detallada sobre qué cristales usar para diferentes enfermedades, estados de salud y angustias emocionales; también se indica cómo cuidar y limpiar los cristales).

OBJETIVO DE SANACIÓN, COLOR DE AURA Y CRISTALES DE LOS ARCÁNGELES

ARCÁNGEL	SIGNIFICADO DEL NOMBRE	ESPECIALIDAD	COLOR DE AURA	CRISTAL CORRESPONDIENTE
Ariel	Leona de Dios	Sana y ayuda a los animales silvestres y al medio ambiente	Rosa pálido	Cuarzo rosa
Azrael	A quien Dios ayuda	Sana penas profundas	Blanco	Calcita color crema
Chamuel	El que ve a Dios	Sana ansiedades y da paz	Verde pálido	Fluorita verde
Gabriel	Mensajero de Dios	Sana en el embarazo y parto, y cura ansiedades relacionada con proyectos creativos	Cobre	Citrina
Haniel	Gloria de Dios	Sana ciclos femeninos	Blanco azulado	Feldespato
Jeremiel	Piedad de Dios	Sana emociones	Violeta	Amatista
Jofiel	Belleza de Dios	Sana negatividad y caos	Rosa oscuro	Turmalina roja rosada o rosa
Metatrón	El profeta Enoc	Sana problemas de aprendizaje e infantiles	Rayas verdes y rosas	Turmalina sandía

OBJETIVO DE SANACIÓN, COLOR DE AURA Y CRISTALES DE LOS ARCÁNGELES

ARCÁNGEL	SIGNIFICADO DEL NOMBRE	ESPECIALIDAD	COLOR DE AURA	CRISTAL CORRESPONDIENTE
Miguel	El que es como Dios	Sana miedo y nerviosismo, y limpia energía	Morado	Sugilita
Raguel	Amigo de Dios	Sana relaciones personales y profesionales	Azul pálido	Aura color agua o aguamarina
Rafael	El que sana	Sana enfermedades físicas y guía a los sanadores	Verde esmeralda	Malaquita
Raziel	Secretos de Dios	Sana bloqueos espirituales y síquicos	Rayas del arco iris	Cuarzo transparente
Sandalfon	El profeta Elías	Sana tendencias agresivas	Turquesa	Turquesa
Uriel	Dios es Luz	Sana resentimientos y falta de perdón	Amarillo pálido	Ámbar
Zadkiel	Rectitud de Dios	Sana la memoria y el funcionamiento mental	Azul oscuro	Lapislázuli

Todos podemos llamar a los arcángeles, basta con el hecho de tener la intención en la mente; en la invocación no se cometen errores. Puedes llamar a un arcángel visualizándolo junto a ti o a un ser querido, diciendo o pensando en voz alta o en silencio su nombre, leyendo una oración que se refiera al arcángel, pidiéndole a Dios que te lo mande a ti o a un ser querido, orando para pedir su ayuda, escribiéndole una carta, observando un cuadro o una estatua del arcángel, o hasta cantándole. El punto no es *cómo* pidas, sino que *pidas*. Y recuerda que los arcángeles no tienen restricciones de tiempo ni de espacio, así que pueden acompañarte a ti y a todos los que los llamen simultáneamente. Su tiempo y energía son ilimitados, así que no pienses que los molestas con tu petición.

***

Otra manera de invocar a los arcángeles es visualizando que el color de su aura envuelve la situación o a la persona que necesitan sanarse. Por ejemplo, si una mujer tiene problemas menstruales, visualízala con luz blanca azulada a su alrededor o en la zona de los ovarios; así invocarás el poder curativo del arcángel Haniel, que específicamente resuelve problemas de salud de la mujer.

Los colores curativos de las auras de los ángeles se analizan con más detalle en el siguiente capítulo.

CAPÍTULO 13

Sanación con luz y colores

Nuestro cuerpo está compuesto por electrones en movimiento y vibraciones eléctricas que se miden con escáneres de Tomografía Computarizada (CAT, por sus siglas en inglés), Tomografía por Emisiones de Positrones (PET, por sus siglas en inglés) y otros equipos de diagnóstico; estos aparatos indican las variables ondas eléctricas del cerebro y del cuerpo con diferentes colores, así que no es ninguna sorpresa que también estemos recuperando la memoria de las propiedades curativas de los colores. En los hospitales comienzan a usarse luces de colores para aliviar; por ejemplo, a los niños con ictericia se les coloca bajo lámparas azul fluorescente para acelerar su recuperación. Y en un nuevo estudio realizado en Italia, se descubrió que las lámparas turquesa fluorescente funcionan mucho mejor que las azules cuando se trata de aliviar los síntomas de la ictericia.

Además de los colores reales de las luces, visualizar o tener la intención (pensar o sentir en lugar de ver) de que ciertos colores envuelvan una dolencia física también acelera su curación de manera significativa.

LUZ DEL ARCO IRIS

Como se mencionó en el capítulo anterior, el aura de cada arcángel tiene un color diferente, así que al pensar en esos colores se invoca al arcángel particular relacionado con ese tono.

Por ejemplo, visualizar la luz de los colores del arco iris a tu alrededor o al de otra persona, ayuda a sanar bloqueos de vidas pasadas, así como desequilibrios kármicos que producen patrones negativos. Si se invocan todos los colores del arco iris, una sanación profunda tiene lugar en muchos lugares al mismo tiempo.

Los colores del arco iris están asociados con el arcángel Raziel, que se conoce como el "arcángel mago". Raziel es muy sabio y mágico, como Gandalf, de *El Señor de los anillos*, que tenía largas alas de ángel; ayuda a aquellos con objetivos espirituales de alto nivel (como maestros espirituales y sanadores) a perder las ansiedades que su don les genera, sobre todo a los que han sido castigados en ésta o en vidas pasadas por sus capacidades síquicas y curativas.

> Meredith, de Australia, no creía en los ángeles hasta que un psíquico le dijo que tenía dos ángeles de la guarda. Le dio una descripción detallada del ángel masculino y del femenino que estaban a su alrededor. Aun así, Meredith seguía sin creer, hasta que dos días después un amigo le dijo que durante la meditación vio a un ángel masculino y a otro femenino junto a ella. Los ángeles encajaban perfecto con la descripción física que el psíquico le dio de sus ángeles de la guarda. Meredith no le contó a su

amigo de la interpretación psíquica, por lo que se impresionó y pensó: ¡Quizá esto de los ángeles sea real!

Poco después, Meredith compró y comenzó a usar mis cartas del oráculo de ángeles. Conforme se familiarizó con ellos, desarrolló la capacidad de sentir, percibir e incluso ver ángeles alrededor de los demás.

La hija de Meredith padecía epilepsia y problemas de aprendizaje. En poco tiempo, la niña de cinco años empezaría a ir a la escuela y a Meredith le preocupaba la adaptación de la pequeña. Recuerda la mañana del primer día de escuela de su hija: "La tenía sentada en mis piernas, diciéndole que su ángel la cuidaría; de repente, sentí una energía muy cerca. Cuando me puse en sintonía, vi al ángel más hermoso y sentí su energía tranquilizante; me dijo que se llamaba Mary y que cuidaría a mi hija. Fue un gran consuelo mandar a la niña a la escuela sabiendo que iban a cuidarla. Hasta hoy, casi tres años después, ¡nunca ha tenido un ataque en la escuela!"

Aun así, la niña continuaba presentando tres o cuatro ataques al mes en casa. Meredith estaba muy preocupada, así que una noche, cuando su hija dormía, entró en una meditación profunda. Invocó a sus propios ángeles, a los de la niña y a los que estuvieran disponibles; visualizó a la pequeña acostada en una mesa y a los ángeles que estaban a su alrededor enviándole energía de sanación.

Meredith preguntó a los ángeles qué color de energía curativa debía mandar a su hija, y la respuesta que recibió fue: "los colores del arco iris". Entonces, tuvo una visión en la que la energía curativa del arco iris salía de las manos de los ángeles y de ella hacia la niña.

Los ángeles enviaron otro mensaje a Meredith, quien recuerda: "Estaba muy preocupada por mi hija y me sentía impotente, pero los ángeles me dijeron que la niña había elegido esta vida para terminar ciertas cosas que tenían que ver con su desarrollo. Los ángeles me dijeron que lo único que debía hacer era amarla, e hicieron énfasis en que ella tenía que enfrentar su salud". No fue algo sencillo de escuchar para una madre que se preocupa por su hija, pero las palabras de los ángeles la ayudaron a dejar por completo la situación en manos de Dios.

A la mañana siguiente, Meredith le contó a su hija sobre el círculo de sanación de los ángeles, y le preguntó a la niña: "¿Qué color crees que te enviamos?". Meredith esperaba que respondiera rosa, su color favorito, pero la pequeña contestó: "¡Los del arco iris!".

Meredith dijo: "¡Mi corazón saltó! Me di cuenta que mi hija, a cierto nivel, sabía exactamente lo que sucedía".

Luego de la energía curativa del arco iris, Meredith siguió el consejo de los ángeles de dejar de preocuparse y sólo amar a su hija, y la pequeña ha pasado más de un año sin presentar ataques.

La luz del arco iris también está asociada con la energía curativa Reiki, que es una vibración especial que los sanadores comienzan a emitir cuando ya están sintonizados. La sintonía tiene lugar cuando un maestro Reiki ya sintonizado enseña símbolos crípticos a un alumno; el maestro "dibuja" con los dedos los símbolos en la corona y otros chakras del alumno. Entonces éste aprende cómo colocar las manos en ciertas posiciones para mandar la energía Reiki a sí o a sus pacientes. Hay cuatro niveles de Reiki y en cada uno se enseñan símbolos nuevos; el último se llama "maestro Reiki".

La energía Reiki se siente suave y aterciopelada, como un baño de agua. Las auras de los maestros Reiki que conozco tiene líneas color arco iris; también veo que junto a estos maestros va un grupo de ángeles cubiertos con los brillantes colores arco iris; los bauticé como "ángeles Reiki".

En el capítulo catorce, hablaré con mayor detalle de Reiki, Qigong, Masaje terapéutico, y otras modalidades de energía curativa; y leerás estudios científicos sobre la eficacia de la energía curativa en el tratamiento de enfermedades y lesiones.

LUZ VERDE ESMERALDA

La luz verde esmeralda corresponde al arcángel Rafael, el mayor sanador entre los arcángeles. Cuando lo llamas, esparce su luz verde esmeralda en la persona afectada, la cual se absorbe como si fuera un bálsamo o un medicamento de acción rápida. También puedes visualizar luz verde esmeralda a tu alrededor o al rededor de alguien más, y el efecto curativo es el mismo. Invocar luz es sinónimo de llamar a un arcángel, pues ella es la verdadera esencia de los ángeles.

> Inmediatamente antes de su cita con un sanador de energía, Shannon pidió que el arcángel Rafael estuviera presente durante la sesión; le dijo que la cuidara y que guiara al sanador para que la aliviara emocional, física y mentalmente.
> A lo largo de las dos horas de sesión, Shannon no dejó de ver el color verde esmeralda con su ojo mental; sin que ella lo mencionara, el sanador le dijo: "Continuamente veo que estás rodeada de verde esmeralda".

> Una semana después, Shannon compró mi libro *Archangels & Ascended Masters*, en el que se explica que el aura de Rafael es verde esmeralda. ¡Se impresionó!
> Shannon sintió con fuerza la presencia de Rafael en la sesión y dice: "Fue una de las sanaciones más poderosas y más bellas que he tenido".

Cuando Rafael está cerca, ves luz verde esmeralda con tu ojo mental, o chispas de luz verde con tus ojos físicos. La luz verde esmeralda se queda en la parte del cuerpo lesionada o enferma hasta que la situación sana. Durante mis sesiones psíquicas, muchas veces me doy cuenta que algún área del cuerpo de mi paciente está cubierta de luz verde. Cuando pregunto al respecto, me responde que se lastimó en ese lugar y que ha orado para recibir alivio. Si en una parte del cuerpo hay luz verde significa que las oraciones por la salud fueron escuchadas y respondidas.

Enviar luz de color a una lesión o a una enfermedad es un método altamente eficaz; funciona muy bien sobre todo en la sanación de niños y animales, pues su fe perfecta acelera el alivio. Los siguientes dos casos nos enseñan que debemos tener más confianza y fe, como los niños y los animales.

> A Caitlin, la hija de nueve meses de Louise Ring O'Hanley, le salió un extraño bulto en la boca. Cuatro médicos diferentes fueron incapaces de identificar de qué se trataba, así que refirieron a Louise y a Caitlin con un cirujano bucal, quien sugirió que la operaran (con anestesia general) la semana siguiente.
> A Louise le aterraba someter a la bebé al procedimiento. Por suerte, el día anterior acabó de leer un libro sobre ángeles, así que rezó todo el fin de semana previo a la cirugía programada. Louise le

pidió a Rafael que enviara su luz verde esmeralda a la boca de Caitlin y la sanara por completo. El lunes en la mañana, el crecimiento había desaparecido (y jamás volvió a salir), así que se canceló la cita para la cirugía. Ahora Louise dice: "¡Creo en el poder de la oración!"

Caitlin, igual que muchos niños, estaba abierta y receptiva a la cariñosa luz de su madre y de Rafael. Cuando desees una sanación para ti, pídele a los ángeles que te ayuden a estar abierto y receptivo. Acuérdate de que los ángeles te ayudan en todo, hasta a tener más fe y mayor receptividad para sanar.

***

Donna Mead, de Nueva Zelanda, estaba ayudando a su mejor amiga, que acababa de mudarse a Inglaterra, a cuidar a su perrita fox terrier, Daisy. Ella estaba en un programa nuevo que permitía a las mascotas estar en cuarentena en la casa de otra persona antes de viajar al Reino Unido, así que Donna cuidó a Daisy en su casa durante el programa de cuarentena de seis meses de duración.

Daisy tenía problemas de salud provocados por una reciente apoplejía que había afectado la parte inferior de su cuerpo y le había provocado infecciones en la piel y coágulos de sangre. Donna atendía rigurosamente a Daisy, usando champúes especiales para su piel, llevándola al veterinario para las consultas, y paseándola con frecuencia. Daisy estuvo muy bien hasta el cuarto mes, cuando se volvió del todo letárgica; Donna ni siquiera podía sacarla de la cama con su comida para perro favorita.

La llevó al veterinario para que le hicieran pruebas y vieran por qué había perdido la energía y la vitalidad. Los resultados de los exámenes fueron graves, tenía cáncer en la sangre y el médico dijo que quizá tendrían que dormirla, sobre todo si su estado empeoraba; sin embargo, Donna no estaba lista para rendirse, así que esa noche llevó a Daisy a casa.

Donna decidió trabajar con los ángeles; cuenta: "Le pedí al arcángel Rafael que aliviara a Daisy con su luz verde y blanca, usándome como conductor; lo que vi fue sorprendente. La brillante luz verde y blanca corría por el cuerpo de Daisy en movimientos circulares. Al principio, grandes círculos envolvían todo su cuerpo; después la luz se transformó en círculos pequeños. Por intuición supe que conforme la luz se llevaba la enfermedad, los círculos disminuían de tamaño hasta que ya no vi color alguno. Abrí los ojos y vi a Daisy, que no dejaba de mirarme. Agradecí al arcángel Rafael y me fui a dormir".

A la mañana siguiente, Donna llevó a Daisy al consultorio del veterinario para otra revisión. Cuando regresó más tarde, Daisy la saludó dando de brincos, saltando y besándola. El médico le dijo que aunque no entendía ni podía explicarlo, todos los exámenes demostraron que la sangre de Daisy era normal.

Pero Donna sí lo entendía y agradeció a los ángeles en voz alta allí, en el consultorio del veterinario. Totalmente recuperada y sana, Daisy pudo volar a Inglaterra para estar con su dueña, quien informa que la perra tiene la energía y la disposición de un cachorro. Cuando el nuevo veterinario de Daisy en Inglaterra revisó su historia, dijo que la sanación no fue más que un milagro.

Donna invocó la luz verde esmeralda y blanca de Rafael para realizar una bella y eficaz sanación a la perra. La luz verde esmeralda es un color curativo físico, bueno para sanar cualquier dolencia del cuerpo; la luz blanca es un color protector y ayuda en las situaciones en las que una energía fuerte afecta a una persona. En el caso de Daisy, la luz blanca la protegió de la "maldición" involuntaria del médico con el diagnóstico de enfermedad terminal —es decir, la luz blanca bloqueó los pensamientos del doctor de considerar a Daisy intratable.

LUZ BLANCA

Cuando visualizas o invocas luz blanca, estás llamando a un ser vivo e inteligente. La luz blanca es el color de los ángeles de la guarda, mientras que las luces de colores corresponden a los arcángeles y a algunos de los maestros ascendidos (como Quan Yin, diosa oriental de la compasión, cuyo color es el rojo cereza). La luz blanca es el resplandeciente halo de los ángeles.

Todo lo que rodees con luz blanca queda perfectamente protegido, pues es invencible. También es un color muy poderoso para eliminar miedos y enfermedades profundamente arraigadas, muy parecido al vapor limpiador generado por una potente manguera de agua.

Como leerás a continuación, Kaiisha sanó cuando visualizó que limpiaba sus chakras con luz blanca.

> Hace cinco años, Kaiisha Taylor, de Australia, estaba gravemente enferma. Consumida y sin energía, se sometió a un extenso examen médico para detectar con exactitud su enfermedad y tratarla.
>
> Los resultados estarían listos el lunes, cuando visitara a su médico. Mientras esperaba el veredicto, a Kaiisha le dio mucho miedo considerar la posi-

bilidad de una muerte temprana; sólo tenía 23 años y aún tenía mucho por vivir.

No obstante, en lugar de sucumbir al miedo y al pesimismo, Kaiisha decidió actuar. Empezó a meditar dos veces al día, una hora cada vez. Durante las meditaciones, visualizaba que sus chakras se llenaban con luz blanca curativa; imaginaba que la energía de amor radiaba de su cuerpo con tanta intensidad, que llenaba la habitación. Kaiisha se aseguró que el cuarto donde meditaba fuera un lugar sagrado y tranquilo, y tenía flores frescas, velas y cristales junto a ella durante la meditación.

El sábado anterior a la cita que tenía con el médico para conocer los resultados de los exámenes, Kaiisha oró con todo el corazón para que estuviera bien. Recuerda: "Cuando rezaba, veía una luz brillante en la habitación y sentía que ésta se calentaba. Escuché una bella música suave, y frente a mí había una enorme luz dorada y blanca que un ángel de puro.

"El ángel se acercó a mí y me envolvió con sus alas, como si me abrazara; telepáticamente recibí el mensaje de que todo saldría bien. Vi dos ángeles más atrás de mí, y el amor que sentí fue tan impresionante y tan fuerte, que las lágrimas corrieron por mis mejillas. Cuando los ángeles se fueron, no me quedó ninguna duda de que todo iba a estar bien. Me dio mucho gusto saber que no tenía cáncer, como lo había temido".

De inmediato, Kaiisha llamó a su madre para informarle que su salud estaba bien. Su mamá lloró de alivio, pues también se había preocupado.

Cuando Kaiisha llegó el lunes en la mañana al consultorio del médico, estaba totalmente segura de que los resultados indicarían que estaba en perfecto estado de salud.C.uando el doctor le dijo que no tenía cáncer, Kaiisha respondió: "Lo sé".

Fíjate cómo Kaiisha trabajó con la energía de la luz y del amor en su sanación. Sus intenciones eran muy claras, las cuales manifestó en las oraciones que hizo de corazón pidiendo salud, y demostró su fe meditando dos veces al día. Cuando se invoca al amor, junto con luz e intenciones muy claras, la luz y el amor amplifican el poder del otro. Amor más luz es la medicina más eficaz de todas.

Si trabajas con luz blanca regularmente, aprenderás a confiar en su poder constante para sanar y proteger.

Con frecuencia, Lhasa Compton usa luz blanca y tiene muchas experiencias que respaldan su fe en su poder. Por ejemplo, un día Lhasa sintió que tenía la garganta inflamada, así que se puso las manos en la garganta y se imaginó una esfera de luz dorada y blanca en el área; en un minuto, la molestia desapareció y no regresó.

Las sanaciones más drásticas ocurren cuando nuestras intenciones de aliviar algo son muy claras. Esto sucede con frecuencia si alguien a quien queremos está enfermo; aunque a veces la gente a la que tenemos la clara intención de sanar se resiste a nuestros esfuerzos por sus temores o creencias. Como se mencionó antes, los animales y los niños no oponen resistencia al trabajo de sanación, le dan la bienvenida y confían en las sanaciones milagrosas.

Brenda King descubrió un bulto en la garganta de Minnie, su recién adquirida perra. El veterinario dijo que había que hacerle exámenes y una cirugía, todo con un costo mayor a los $400. Para ahorrar a Minnie el trauma y a ella el gasto, Brenda decidió intentar primero un tratamiento espiritual.

Sintonizándose con la energía de Minnie, Brenda se dio cuenta que la perra estaba muy sedienta de amor; entonces, envolvió a la perra con luz blanca y energía Reiki, y le mandó mucho amor. La mamá y el novio de Brenda también participaron, enviándole amor y luz al animal. Dos horas después de haberla rodeado con esta energía, el tamaño del bulto disminuyó de manera considerable; a la mañana siguiente, era un tercio más pequeño. De jueves a domingo, Minnie recibió tratamientos intensivos de luz blanca de parte de Brenda, su madre y su novio; para el domingo, el bulto casi había desaparecido. Al pasar de los días de la siguiente semana, ya no tenía nada y Brenda notó que Minnie se veía más liberada y más contenta.

Brenda dice: "Ya tengo tiempo usando luz blanca sanadora; sin embargo, esta experiencia fue una prueba de lo que podemos manifestar con apertura y disposición para dar y recibir. Minnie también estuvo muy receptiva a la luz y al amor, era obvio que quería salir adelante, y nosotros sólo fuimos el medio para su sanación. Esta experiencia me dejó sin aliento".

La siguiente es otra linda historia de sanación de un animal con luz blanca. Aunque quizá un ratón no te parezca una mascota bella y adorable, en este relato percibirás el amor de una madre que se preocupa por los sentimientos de su hija, así como del bienestar de su mascota.

Aspen, la hija de Elizabeth Seer, tiene como mascotas a dos ratas que se llaman Zelda y princesa Gimpers. Una mañana, Aspen estaba angustiada porque princesa Gimpers se enfermó. Elizabeth se dio cuenta que la rata estaba a punto de morir, su respiración era rápida y poco profunda, tenía los ojos entreabiertos, estaba letárgica, fría al tacto y se negaba a comer o a beber agua.

Con el deseo de ahorrarle mayor sufrimiento a princesa Gimpers y de evitar que su hija pasara por la pena de perder a su mascota, Elizabeth se puso a trabajar. Llevó a la rata a la habitación donde meditaba, la levantó y dijo: "Rezo para que si debe sobrevivir, se alivie de inmediato. Pido para que la cálida y curativa luz blanca angelical la rodee y la ayude a salir del mal que la aqueja".

Princesa Gimpers respondió casi de inmediato a las oraciones y al tratamiento de luz blanca. Se recuperó por completo y volvió a comer normal, como si nunca se hubiera enfermado ni hubiera estado a punto de morir. Elizabeth dijo: "Sé que ese día los ángeles vinieron a nosotras. La luz de amor de los ángeles, que todo lo abarca, ayudó a que la princesa Gimpers se recuperara, y le evitó a mi hija el tormento de perder a una querida mascota".

La luz blanca tiene dos propósitos: limpiar para sanar, y proteger; la intención que tengas cuando invoques la luz determina qué propósito se manifestará. Los siguientes dos ejemplos son una muestra de que rodear a una persona o a un objeto con luz blanca es una forma poderosa de protegerlos.

Kate esperaba a dos amigos para cenar en su casa de Saskatchewan, Canadá. El primero llegó a tiempo, pero el segundo no. A Kate y a su acompañante les preocupó que su amigo tuviera problemas para manejar en los caminos nevados y resbalosos, así que ambos envolvieron con luz blanca al amigo y a su auto.

Cuando por fin llegó, les contó que cuando pasaba por una curva peligrosa, el auto empezó a virar bruscamente hacia una cuneta profunda, pero que de repente el coche se enderezó y siguió avanzando como si no hubiera perdido el control. Kate y su primer invitado voltearon a verse, ambos calcularon que la hora en la que él pasó por la curva fue el momento exacto en el que le enviaron luz blanca. Kate dice: "Fue un pequeño pero poderoso refuerzo a nivel físico, pues sabemos que la luz blanca tiene un efecto positivo en la vida".

***

Una noche, Shelly Bassett, angeloterapeuta de Canadá, se dio cuenta que se le olvidó cerrar el auto. Era tarde y estaba cansada, así que en lugar de salir a cerrarlo, le pidió al arcángel Miguel que cuidara el auto y la cartera que había dejado en el asiento. Shelly también rodeó el auto y la cartera con luz blanca; visualizó a ambos objetos en una hermosa burbuja blanca y envió esta luz a toda la colonia. Se fue a la cama tranquila sabiendo que sus pertenencias estaban seguras.

A la mañana siguiente, el vecino de Shelly tocó a la puerta, en la mano traía su cartera; le explicó que la había encontrado en el techo de su casa. A Shelly le sorprendió que a pesar de que se habían llevado el billete de $20, su licencia, sus tarjetas de crédito y unos certificados de regalo siguieran allí. El vecino le dijo que la noche anterior habían robado varias casas de la colonia; y aunque esa noche se llevaron algunos autos y otras cosas, todos los artículos extraídos regresaron misteriosamente, intactos, a sus dueños unos días después.

Como Shelly había orado por la seguridad de toda la colonia y la había rodeado con luz blanca, entonces descubrió que ésta era un campo de energía en el que se puede confiar; asimismo, se dio cuenta que había recibido exactamente lo que pidió, la seguridad de su cartera. Shelly dice que se le olvidó pedir protección también para el dinero. Ahora rodea la colonia con luz blanca todas las noches, pues comprobó que sí funciona.

La luz blanca también se invoca en momentos de inminente peligro y se recibe protección inmediata.

La mañana del 22 de julio de 2003, la ciudad de Memphis, Tennessee, fue devastada por violentos aires. Laura Montanaro se despertó por el ruido de la tormenta, se asomó por la ventana y vio la basura volando en el patio; de inmediato, Laura le pidió a los ángeles que protegieran a su familia y a ella, y envolvió la casa con intensa luz blanca. El viento balanceaba con fuerza los enormes y viejos robles que eran mucho más altos que su casa, y eso no presagiaba nada bueno. Pero Laura se sentía tan protegida por la luz, que regresó a la cama a escuchar cómo pasaba la tormenta. Se fue la luz en la casa, como en cientos de miles más en Memphis, y sin embargo tenía una sensación de calma. Cuando pasó la tormenta, Laura salió en su auto y vio una increíble devastación en todas partes. Había árboles en las calles, en postes de luz, y encima de las casas de muchas personas, incluso había algunos muertos, pero la propiedad de Laura no sufrió daños.

Dice: "Me siento muy bendecida y protegida. Incluso 18 horas después llegó la luz, mientras que en otras casas tardó casi dos semanas, en medio del sofocante calor del verano de Memphis. No me queda ninguna duda de que cuando llamas a los ángeles y te rodeas de luz blanca, estás protegido. Todas las noches rezo y cubro al planeta con luz blanca, y aliento a otros para que hagan lo mismo".

La luz blanca es un método antiguo probado y real que se nos otorga para sanarnos y protegernos a nosotros, a nuestros seres queridos y a nuestras propiedades. Hace poco recibí un mensaje de los ángeles en el que me decían que todos visualizáramos al planeta cubierto de luz blanca antes de dormirnos, pues con los diferentes horarios la tierra continuamente está protegida. Este ritual nocturno asegura que la tierra esté siempre protegida y sellada ya que la luz blanca (y de todos los colores) se desvanece con el tiempo.

LUZ DORADA

La luz dorada es el color de la energía de Cristo, no necesariamente el hombre o la religión, sino el poderoso e incondicional espíritu de perdón y amor. Es la señal de que todo saldrá bien, significa: "Ten fe porque todo está bien". La gente que "ve a Jesús" dice que lo rodea un brillo dorado. Por lo general, yo veo que la luz dorada envuelve a aquellos que trabajan de cerca con Jesús o que viven según los principios que Él predicó.

Muchas personas ven una luz dorada antes de un accidente automovilístico; dicen que el resplandor sale de la nada y que les da tranquilidad justo antes de la colisión.

Donna Flavell y su amiga Ann iban cada mes a un curso de capacitación a un lugar ubicado a cuatro horas de viaje de Auckland, Nueva Zelanda. Por lo general, rodeaban el automóvil con luz blanca para estar protegidas durante el viaje, pero un día se les olvidó hacerlo, y al mismo tiempo ignoraron el aviso que recibieron de parte de una amiga que les sugirió que no hicieran el viaje. Ese día, un auto que iba a toda velocidad saltó el camellón que dividía ambos carriles y cayó directo en el coche de Donna y Ann. Las dos mujeres vieron un brillante resplandor de luz dorada entre los dos autos, aunque la luz del sol fue oscurecida por una densa nube.

Después del golpe de frente, Donna despertó al escuchar que su amiga decía su nombre; Ann estaba segura que Donna había muerto y estaba rezando para que volviera a la vida. Ambas mujeres fueron transportadas en helicóptero al hospital, les pusieron brazaletes de identificación y las ingresaron. Los exámenes indicaron que Donna tenía lesiones en la columna vertebral y se había roto el bazo.

En las horas siguientes, Donna rezó mucho, al mismo tiempo que visualizaba sus células, nervios, venas y cuerpo entero reparándose y recuperándose. Cuando llevaron a Donna para sacarle un tomografía, los técnicos del escáner se sorprendieron con los resultados, así que lo repitieron. ¡El bazo estaba totalmente sanado!

Donna pasó la noche en el hospital en observación. Durante ese tiempo, siguió rezando y afirmando su salud. Le hubiera gustado llevar consigo su medicina homeopática, pero recibió el mensaje psíquico de que podía administrarse los medicamentos telepáticamente, y así lo hizo.

Al siguiente día, el médico le dijo a Donna que tenía que quedarse otro día en el hospital. Donna rezó para salir de allí y poder estar cerca de la natu-

> raleza; diez minutos después de su oración, dejaron que se fuera a casa, como lo pidió.
>
> El osteópata le dijo que estuvo a menos de dos milímetros de lastimarse la columna en el accidente. El conductor de la grúa dijo que no podía creer que alguien hubiera sobrevivido al accidente. Donna reconoce que debe su salud y su vida a los ángeles.

La fe es un aspecto del amor porque es la ausencia de dudas y miedos. Las personas que han leído los evangelios recordarán que Cristo continuamente decía que su trabajo de sanador se lo debía a la fe. Numerosos estudios comprueban sus palabras y demuestran que la fe de los pacientes en la competencia de sus médicos era un elemento crucial para determinar si se aliviaban o no.

Para incrementar tu fe, o la de la persona que estás sanando, invoca la luz dorada, que puede ir acompañada de otros colores. Pide luz dorada con luz blanca si tienes miedo y necesitas protección, la primera fortalece tu fe y la segunda te protege.

> Lhasa Compton (de quien ya hablamos antes) iba manejando en Arizona cuando escuchó los avisos de que había inundaciones. Como nubes de lluvia oscurecían el cielo, Lhasa pidió a un ángel que volara sobre ella y esparciera luz blanca dorada para proteger y despejar su camino. Cuando el agua comenzó a inundar las calles, el auto de Lhasa se desplazó con suavidad por el agua. Después de llegar a salvo a su casa, escuchó en las noticias que era imposible pasar por los caminos y muchos automovilistas habían quedado varados en las inundaciones. Agradeció a la luz por permitirle viajar a salvo.

Cuando se trata de visualizar colores, nunca te equivocas ni eliges el incorrecto. Quizá te preguntarás: *¿Por qué no llamo a todos los colores para estar seguro?* Ese método también funciona bien; sin embargo, lo mejor es que reces para que descubras qué colores debes invocar y/o hazle caso a la intuición. Te repito, no te equivocas; el verdadero poder que alivia es el que se produce cuando tus intenciones de sanar son claras, y al mismo tiempo envías luz y amor.

LUCES DE ÁNGELES

Una manera de saber si tus oraciones para sanar han sido respondidas, es la presencia de "luces de ángeles"; éstas son chispas de luz (similares a los rastros que dejan los fuegos artificiales) o destellos de luz (como el flash de una cámara). Las luces blancas son las chispas de las auras de los ángeles de la guarda y los destellos son la fricción producida por el desplazamiento de los ángeles en el tiempo y el espacio; las luces de colores son las auras de los arcángeles y los maestros ascendidos. Las personas que no saben que existen las luces de ángeles podrían pensar que la visión está fallándoles cuando ven chispas de luz, como le sucedió a Melanie.

> Cuando Melanie esperaba a su bebé, comenzó a ver luces blancas y rojas en el día. Nunca había oído de las luces de ángeles, así que visitó a dos médicos para que revisaran sus ojos; ambos doctores dijeron que los ojos de Melanie estaban perfectos y que las luces debían ser una complicación del embarazo. Pero después de que su hija nació, seguía viendo las chispas de luz.
>
> Una noche que estaba sentada en el patio observando los árboles, vio que enormes luces rojas y

azules volaban cerca de ella, su resplandor era lo más brillante que jamás había visto, y no supo qué hacer. Ahora sabe que lo que vio eran arcángeles y que las luces azules correspondían a Miguel.

Melanie cree que su hija trajo más ángeles a su casa y a su vida; dice que la niña abrió sus dones espirituales.

Las luces blancas que Melanie vio eran los ángeles que estuvieron en el nacimiento de su hija, y las luces rojas eran de la diosa oriental de la compasión, Quan Yin (también conocida como Kuan Yin), una divinidad budista cuyo nombre quiere decir "la que responde todas las oraciones"; protege sobre todo a las madres y a los niños, así que su presencia en la vida de Melanie tiene sentido.

Las luces blancas también aparecen cuando los ángeles se reúnen para protegernos de los peligros, como descubrió Nicole Herrera.

Cuando Nicole estaba surfeando en San Diego, una enorme ola la levantó y la estrelló de bruces en el fondo del agua. Nicole luchaba por salir a la superficie, desorientada no sabía si la dirección era hacia arriba o hacia abajo.

De repente, a través del agua vio que estaba rodeada de chispas de luz blanca; una semana después leyó que esas luces son ángeles.

Las luces de ángeles también aparecen cuando necesitas alivio y tranquilidad.

Annie, de Queensland, Australia, recuerda que cuando era niña le daba miedo irse a dormir, la atemorizaban los peligros que había en la oscuridad. Dice: "Entonces esas luces entraban a mi habitación y se colocaban alrededor de mi cama, eran blancas y de colores, chicas, no tan grandes como para llenar la recámara. Además de las luces, también escuchaba un ruido en la oreja"; la luz y el sonido confortaban a Annie y dormía tranquila. Annie le contaba a su mamá sobre las luces de ángeles, pero no la entendía, así que ahora Annie se esfuerza mucho por apoyar a su joven hijo, quien dice que también ve las luces.

Como lo indica la historia de Annie, los niños son especialmente aptos para ver luces de ángeles. Ellos quieren que estemos tranquilos, y se acercan a nosotros cuando nos sentimos inquietos o tenemos miedo. Nos demuestran que, a pesar de que la oscuridad es muy atemorizante, las luces de ángeles siempre están cerca. En la siguiente historia, las oraciones de una madre por su hija son respondidas con la presencia de luz de ángeles.

A Lindsey, la hija de 5 años de Tina Markarian, le dio fiebre, así que Tina la llevó a dormir a su cama para estar al pendiente de la temperatura. Ninguna de las dos durmió porque Lindsey se movió, dio vueltas y se quejó toda la noche.

Tina se quedó en la cama, muy preocupada, y en silenció rezó a Dios para que le mandara algunos ángeles que ayudaran a su hijita. No le dijo a Lindsey que había orado, pues no quería que la niña pensara que estaba más enferma de lo que creía. Hacía poco que su papá había muerto de un infarto y a Lindsey le daba miedo morir de repente. Instantes después de la oración de Tina, Lindsey empezó a llorar y le dijo: "Mami, tengo mucho miedo". Le preguntó a qué le temía, suponiendo que se trataba de su habitual miedo a la muerte. La pequeña respondió: "Tengo miedo porque veo muchas luces flotando alrededor de mi cabeza, parecen estrellas o hadas".

Tina derramó lágrimas de alegría cuando le explicó que las luces eran ángeles que estaban ayudándola a aliviarse. Tina dice: "Sabía que mis oraciones estaban siendo escuchadas, entonces le conté a Lindsey que había rezado. Mi hijita dijo que era cierto".

Entonces madre e hija se durmieron y tuvieron un tranquilo descanso. Al siguiente día, Lindsey se sintió mucho mejor y jamás volvió a tener miedo de morir como su papá.

Tina no vio las luces de ángeles, pero el inocente testimonio de su hija de que los ángeles estaban allí la tranquilizó lo suficiente para que ocurriera la sanación. Los ángeles nos sanan aliviando nuestros temores, y enviando luz sanadora a nuestro cuerpo para limpiarlo de la negatividad y los desequilibrios.

Belinda Warren, de Canadá, recibió este tipo de sanación de parte de los arcángeles, quienes mostraron sus características y coloridas luces de ángel. En el caso de Belinda, Rafael, el Arcángel de la Sanación, apareció en forma de luz verde, y el arcángel Uriel, el "amigo sabio" que nos ayuda a inventar soluciones creativas, trabajó en equipo con Rafael para realizar una sanación profundamente poderosa.

1999 fue un año muy difícil para Belinda; estaba agotada de los problemas de criar a dos niños, se sentía atada en lo económico, y no recibía ningún apoyo emocional de la gente que la rodeaba. Sentía que sus relaciones, incluido su matrimonio, eran emocionalmente abusivas y restrictivas con ella.

Justo cuando estaba a punto de perder la esperanza, Belinda comenzó a ver evidencias de que los ángeles estaban junto a ella.

Primero los vio como una luz resplandeciente, sin forma. Entraban a la habitación de Belinda y esparcían su amor en toda la recámara como si fueran suaves cobertores de polvo. Belinda dice: "Siempre me siento muy protegida en su presencia, y empecé a esperar sus visitas, que siempre ocurrían a la misma hora de la noche".

Los ángeles emitían una luz verde, y Belinda vio que algunos brillaban en tono amarillo. Una vez, la despertaron las luces verdes y de manera intuitiva recibió el mensaje de que dejara de preocuparse por sus hijos y por su economía, que todo iba a salir bien. Le dijeron que los ángeles estaban aliviando el dolor de ésta y de vidas pasadas.

Belinda observó que un ser de luz viajaba a través de su cuerpo, comenzando en los pies, como si estuviera limpiando los centros de energía de sus chakras. El ángel se detuvo en el chakra del plexo solar, cerca del ombligo, y Belinda sintió cómo se deshizo el nudo que tenía en el estómago; la luz subió por su pecho, garganta y rostro. Después de esta sesión de sanación, se durmió profundamente.

Luego, Belinda percibió que su fuerza individual y su autoestima eran mayores, comenzó a hacerse valer en sus relaciones y se sintió protegida siendo ella misma. Belinda dice: "Poco a poco, empecé a defenderme sola; al principio, me daba mucho miedo, pero no dejé de hacerlo. Ahora sólo tengo en mi vida relaciones maravillosas e increíbles, llenas de amor, y los ángeles son los únicos responsables de ello".

SANACIÓN CON VELAS

Puedes invocar más luz con velas. Observar una vela blanca encendida es una manera muy eficaz de concentrar la mente en los deseos, y alejar los pensamientos de temor; mira la llama, imagina tus más grandes deseos y di: "Esto o algo mejor, Señor". Llama más ángeles para que te guíen y te protejan en el trabajo de sanación y de petición.

> Jackie Stevens, de Australia, estaba sentada en la iglesia, rezando para aliviarse. La enfermedad tenía su cuerpo adolorido y oraba en silencio: "Dios y ángeles, ¿cómo recupero mi energía, cómo sigo con mi camino y me siento fuerte y sana?". Un par de minutos después, escuchó un claro susurro al oído: "Mira la luz de la vela, envía amor y luz, recibe amor y luz, bendice y deja ir".
>
> Jackie siguió el consejo y se concentró en la luz de la vela. Dijo: "Sentí que la luz crecía en mi interior; le envié amor a la vela, y sentí el amor dentro de mí. Cuando bendije y solté, sentí que los dolores y las molestias desaparecían, junto con la tensión que por lo general cargaba en mis hombros".

LUCEROS DE ÁNGELES

Las luces de ángeles aparecen con más frecuencia en las fotografías. Muchos miembros de mi público me enseñan fotos donde aparecen luceros blancos y figuras tenues cuyo contorno es claramente parecido al de los ángeles y las hadas. El aumento en la frecuencia de este fenómeno quizá se deba a los avances en las cámaras y a la fotografía digital, aunque también creo que el fenómeno puede deberse a lo "delgado del velo". Esto significa que como estamos ascendiendo de manera colectiva y volviéndonos más conscientes espiritualmente, notamos con más facilidad la presencia del mundo espiritual que nos rodea.

> Ryan Reynolds, de diez años, de Cincinnati, Ohio, con frecuencia decía que veía ángeles. Ryan, a quien le diagnosticaron un tumor en el cerebro inoperable, le dijo a su familia que había visto ángeles durante un viaje nocturno. Tres personas fotografiaron a Ryan durante ese lapso, con tres cámaras diferentes; uno de los fotógrafos era reportera del periódico local y usó la cámara de la empresa que traía para cubrir un reportaje.
>
> Cuando se revelaron los rollos de las cámaras, en cada una de las fotografías aparecían órbitas de luz alrededor del niño; en todas las cámaras se usaron diferentes tipos de película. La familia no sabía qué pensar de los puntos blancos de las fotografías. En una de ellas, había puntitos blancos alrededor de Ryan; en otra, salía él con una imagen blanca en forma de pescado; y en la tercera, aparecía una órbita blanca grande junto al niño.
>
> Ryan reconoció de inmediato a los ángeles de las fotografías. Su madre recordó que señaló la órbita blanca grande de la tercera foto y dijo: "Mamá, por eso me gusta mucho viajar de noche, porque allí está mi ángel de la guarda... Sabía que estaría. Ella es mi ángel, mami; habla conmigo todo el tiempo". La señora mencionó que Ryan hablaba de ángeles con frecuencia.
>
> Ryan murió en paz dos meses después de ese viaje nocturno, sabiendo que estaba rodeado por sus ángeles de la guarda. Con todos esos ángeles a su alrededor, uno se pregunta por qué no se recuperó y vivió. Bueno, yo creo que la misión de su vida era que su conmovedora muerte dirigiera la atención de la gente hacia los ángeles. Su historia se

volvió noticia internacional, y la vida de Ryan provocó mucha agitación en las salas de redacción, que por lo general no informaban de incidentes en los que participaban ángeles. De haber sanado, quizá las agencias de noticias ni siquiera se hubieran fijado en su historia, pues tienden a concentrarse sólo en los relatos dramáticos. La valiente alma de Ryan Reynolds de 10 años se fue al Cielo para que los adultos de todo el mundo reconocieran la existencia de los ángeles de la guarda.

Los ángeles aparecen en las fotografías porque las cámaras capturan luz y energía con altos grados de exactitud y sensibilidad. En el siguiente capítulo, se hablará de la energía y su relación con la salud y la sanación física y emocional.

CAPÍTULO 14

Sanación con energía

Como nuestro cuerpo es eléctrico, tiene sentido que podamos invocar esa electricidad natural y enviarla a los demás. La sanación es el resultado de conectar la acción de enviar energía con amor e intenciones muy claras; la sanación con energía es una forma de luz.

Hoy en día, los hospitales y los consultorios médicos de todo el mundo ofrecen tratamiento interno o referido con "terapias adjuntas" y "complementarias" que incluyen sanaciones con energía. Como lo demuestran los estudios que se presentan a continuación, la fe en este trabajo está bien cimentada.

ESTUDIOS CIENTÍFICOS SOBRE QIGONG

La antigua práctica china de sanación con energía conocida como Qigong (que se pronuncia kee-gong), ha recibido mucha atención por parte de la ciencia médica; la base de la práctica son los movimientos corporales, que envían qi (o chi, la energía de fuerza y vida del universo) a través del cuerpo para eliminar bloqueos de energía que provocan enfermedades. Los estudios que se han realizado básicamente en hospitales escuela de China, muestran resultados significativos cuando se usa Qigong para tratar enfermedades, dolor y adicciones.

Investigadores de la Universidad Tongji de Medicina, en China, descubrieron que los tratamientos con Qigong inhiben de manera importante el crecimiento de tumores y las funciones inmunológicas antitumorales en ratas; dicho efecto aumentó con el uso de Qigong y quimioterapias.

En un estudio realizado en la Universidad Guangzhou, en China, en adictos a la heroína, se obtuvieron impresionantes resultados en cuanto a la recuperación se refiere. Ochenta y seis hombres se dividieron en tres grupos; los del primero aprendieron a practicar Qigong (cuyos movimientos son similares a los de Tai Chi o yoga), y al mismo tiempo un practicante experimentado les dio tratamiento con energía Qigong. Al segundo grupo de adictos lo desintoxicaron con medicamentos, y el tercero no recibió tratamiento. Los resultados fueron impactantes e importantes estadísticamente: el grupo Qigong dejó la adicción mucho más rápido y más fácil, con niveles menores de ansiedad. Lo más importante es que a los cinco días de iniciado el tratamiento con Qigong, no se encontraron rastros de heroína en la orina de los miembros del primer grupo, mientras que los pacientes a los que se les administraron medicamentos tardaron nueve días en eliminar la droga, y el tercer grupo tardó once días.

En una investigación realizada en la Escuela de Medicina de Nueva Jersey se obtuvieron resultados igual de impresionantes. Un grupo recibió instrucciones y tratamiento por parte de un maestro Qigong, mientras que otro recibió instrucción y tratamiento de manos de una persona no calificada. Luego de tres semanas, un impresionante 91% de aquellos que recibieron Qigong genuino, presentó menos dolor, en comparación con sólo el 36% de las personas del grupo "falso".

La "caminata Qigong" es una forma de meditación en movimiento. En un interesante estudio realizado en Kyoto, Japón, pacientes diabéticos fueron asignados a dos grupos al azar; uno realizaría caminatas Qigong, y el otro daría paseos normales. Luego de que ambos grupos caminaran durante treinta minutos después de la comida, quienes estaban en el grupo Qigong mostraron un decremento significativamente mayor en el plasma de la glucosa.

Otros estudios importantes de los efectos de Qigong han demostrado lo siguiente:

- Una mejora del 20% en la ingesta de oxígeno y en la producción de dióxido de carbono después de veinte minutos de hacer ejercicios respiratorios con Qigong durante diez días consecutivos, en un estudio realizado en la Universidad de la Vida, en Marietta, Georgia.
- Una importante reducción del colesterol malo en la sangre de pacientes hipertensos, acompañada por un aumento en los niveles del colesterol de las lipoproteínas de alta densidad (HDL-C, por sus siglas en inglés) en suero entre aquellos que practicaron Qigong durante un año. En un estudio similar realizado en Shangai, se descubrió que la Qigong tenía un efecto regulador en la alteración hemodinámica, y mejoraba la función del ventrículo izquierdo del corazón en pacientes hipertensos.

ESTUDIOS SOBRE REIKI, MASAJE TERAPÉUTICO Y OTROS TRATAMIENTOS CON ENERGÍA

Como ya se mencionó, el Reiki y el Masaje terapéutico son prácticas de sanación con energía similares a la Qigong, sólo que en lugar de trabajar con respiración y movimiento, la energía curativa se envía únicamente a través de las manos. Ambas prácticas han recibido atención por parte de investigadores en hospitales y escuelas de enfermeras. Aunque los resultados del Reiki y el Masaje terapéutico no son tan impresionantes como los de Qigong, vale la pena conocerlos.

En un estudio realizado en el Instituto contra el Cáncer en Edmonton, Canadá, veinte personas que padecían dolor crónico recibieron tratamientos Reiki; el resultado fue que hubo una reducción importante del dolor en los pacientes.

En un centro de Québec, veinte personas diagnosticadas con cáncer terminal recibieron tres tratamientos de Masaje terapéutico. La gente que se sometió a ellos informó que disminuyó el dolor, las nauseas, la depresión, la ansiedad y la falta de respiración; e incrementó su actividad, su apetito, su tranquilidad y su paz interior.

¿Los beneficios obtenidos con los tratamientos Reiki y Masaje terapéutico son resultado de un efecto placebo, o de la atención que los pacientes reciben de los atentos trabajadores de energía? Otro estudio realizado en la Universidad del Sur de Maine, respalda clínicamente la eficacia del trabajo de sanación con energía. En este estudio, personas que sufrían de dolor crónico recibieron terapia de comportamiento cognoscitivo para aprender a controlar el dolor, pero a la mitad del grupo también le dieron tratamientos de Masaje terapéutico. Aquellos que recibieron tratamientos adicionales reportaron un grado mayor de "autoeficacia", es decir, se sentían más optimistas respecto a su poder para superar el dolor. También se apegaron más al programa de terapia de comportamiento cognoscitivo; una vez más, quizá debido al incremento de la esperanza, la fe y el optimismo que les ofreció el Masaje terapéutico.

Por supuesto, podríamos argüir que el resultado de esos tres estudios se basó en reportes subjetivos de los pacientes; en otras palabras, la gente que recibió tratamientos con energía le dijo a los investigadores que se sentía mejor. Pero ¿podrían haber exagerado los beneficios que obtuvieron? Los investigadores del Centro de Ciencias de la Salud de Texas, en Houston, decidieron practicar exámenes biológicos a las personas que recibieron tratamientos Reiki y descubrieron que los sujetos que tuvieron una sesión de treinta minutos de Reiki, mostraron una importante baja en la presión arterial sistólica, aumento en la temperatura de la piel y decremento de la actividad electromiográfica (medida de la tensión muscular). Además, los sujetos reportaron una importante reducción de la ansiedad.

Quizá el tacto es suficiente para provocar estos efectos curativos. Para probar su teoría, en el Centro de Quemaduras de Birmingham los investigadores de la Universidad de Alabama dividieron en dos a un grupo de noventa y nueve pacientes con quemaduras. Un grupo recibiría tratamiento con Masaje terapéutico diario durante cinco días; el otro recibiría un tratamiento similar en la misma cantidad de tiempo por parte de personas no capacitadas que se harían pasar como practicantes de Masaje terapéutico.

Se obtuvieron resultados estadísticamente significativos en aquellos que recibieron los tratamientos de masaje terapéutico con practicantes capacitados: el dolor y la ansiedad se redujeron, en comparación con el grupo al que se le dio tratamiento falso. Además, quienes recibieron Masaje terapéutico presentaron una baja importante en los linfocitos de la sangre, dejando al descubierto los beneficios fisiológicos del tratamiento con energía.

Un dato sorprendente en la mayoría de los estudios de Qigong, Reiki y Masaje terapéutico, es la manera en la que se reduce significativamente la ansiedad. Como ésta es causa y efecto de las enfermedades mentales y físicas, el efecto curativo del tratamiento con energía es valioso por su capacidad para disminuir la ansiedad.

Estudié Reiki (y estoy en el nivel de maestro); terapia de polaridad, basada en el trabajo con los polos positivos y negativos del cuerpo (algo parecido a la batería de un auto), y sanación pránica, que tiene que ver con la limpieza profunda de los chakras. También se han desarrollado infinitas formas nuevas de Reiki, tacto curativo y sanación con energía. Estos sistemas de sanación con energía brindan a los sanadores natos más confianza en sus dones espirituales. Además, dichos sistemas ofrecen esquemas organizados para realizar trabajos de sanación con energía.

Igual que cualquier otra profesión, algunos sanadores con energía le dan mala reputación a la práctica debido a su falta de integridad. Cuando busques un sanador con energía o un maestro, la mejor opción es que pidas referencias a tus conocidos, y le hagas caso a tu intuición al conocer y trabajar con la persona. Si no te sientes cómodo física o emocionalmente con el trabajador de energía, si crees que su principal objetivo es el dinero, o te presiona para participar en una sesión o tomar clases que no quieres, entonces busca otro practicante.

LA ESPIRITUALIDAD DEL TRABAJO DE SANACIÓN CON ENERGÍA

Mucha gente elige el camino espiritual cuando está bajo algún tipo de presión, decide hacer una introspección para encontrar consuelo y respuestas. Jennifer Hull es el ejemplo de una persona que descubrió la espiritualidad como resultado del dolor provocado por una enfermedad.

> La residente de 63 años de Hawai sufrió de fibromialgia durante muchos años e intentó diferentes formas de tratamiento. Un día visitó a un nuevo médico, (quien le sugirió que intentara con terapia de tacto curativo, una forma de sanación con energía). Fue una idea nueva para Jennifer y su esposo.
>
> El día de la sesión, Jennifer y su esposo entraron a una habitación pequeña, y de inmediato ella sintió una profunda relajación. Los terapeutas de tacto curativo eran un matrimonio que trabajaba junto, y a Jennifer la cautivaron con sus tranquilizantes voces y sus expresiones faciales. Su esposo se sentó en la esquina del cuarto y a Jennifer la ayudaron a subirse una cama de masaje arreglada con cómodos cojines, mantas y una suave almohada.
>
> Los terapeutas explicaron que iban a decir una oración corta en silencio y después pasarían sus manos por el cuerpo de Jennifer, sin tocarla. Después del periodo de calentamiento, comenzaron a ponerle las manos y Jennifer tenía ligeros toques eléctricos cuando la pareja le enviaba energía.
>
> Cuando le pusieron las manos, Jennifer empezó a tener intensas visiones. Estaba en Maui, era de noche y había palmeras por todas partes; detrás de una había una mujer, cuando Jennifer la vio a los ojos, la escena cambió, ahora el cielo era azul y la mujer ya no estaba.
>
> Jennifer esperó con paciencia a ver qué sucedía después; unos minutos más tarde, vio otro rostro. Jennifer dijo: "Era una jovencita, de 12 ó 13 años, muy bonita, de cabello oscuro, con cara en forma de corazón y finas facciones. Parecía que una luz

sanadora brillaba en sus ojos, que eran del azul que había de fondo. Me sonreía y me veía con tanto amor, que me produjo un maravilloso sentimiento de felicidad. La euforia que sentí me envolvió y tuve la impresionante sensación de que entendió y reconoció mi dolor, así como toda la angustia física y mental que había tenido esos años.

Entonces, mi dulce angelito se esfumó, pero no sin dejarme algo en qué pensar. A la distancia, vi que un pequeño objeto se dirigía hacia mí, como si estuviera animado por computadora. Esperé para ver qué era, y llegó; recibí otra sorpresa increíble. Era la imagen del rostro de Jesús.

Los ángeles que se presentaron estaban llenos de color, pero Jesús parecía el negativo de una fotografía o un grabado, en diferentes tonos de negro, blanco y gris. La imagen de Jesús desapareció de la misma forma que apareció, alejándose lentamente en la distancia. Una vez que dejé de verlo, el terapeuta me pidió que me pusiera bocabajo, y guardé silencio hasta que se terminó la sesión".

El esposo de Jennifer lloró al final de la sesión. Cuando salieron de la habitación, la tomó entre sus brazos, le dijo lo mucho que la amaba y se disculpó porque últimamente era muy difícil convivir con él. Jennifer dice que la sesión cambió su vida.

Poco tiempo después, Jennifer compró el último libro que quedaba de *Healing with the Angels* en una tienda. Al mes siguiente, adquirió la última copia de mis cartas del oráculo de ángeles en una librería; las guardó en un cajón y se olvidó de ellas. Después fue al salón de belleza, donde un angeloterapeuta estaba haciendo lecturas con mis cartas del oráculo de ángeles. El terapeuta animó a Jennifer para que usara las cartas y se mantuviera en contacto con sus ángeles de la guarda.

Hoy, Jennifer habla con frecuencia con sus ángeles, a través de las cartas, de la oración y la meditación, y siempre está consciente de su presencia. Ahora tiene paz mental, pues los ángeles le aseguraron que no hay más vida que esta experiencia terrenal. Le dieron la señal que siempre esperó, y ahora ya no se siente sola.

ENERGÍA CURATIVA EN MASCOTAS

Los animales son muy sensibles a las energías que los rodean, y se enferman si hay estrés en su casa. Si un miembro de la familia está molesto, el animal absorbe la energía y la manifiesta como enfermedad.

A la inversa, los animales responden muy rápido a la energía curativa que se les manda. Sanan con rapidez en respuesta a cualquiera que tenga la clara intención de ser un conducto de energía curativa. Esta energía se envía a través de las manos y va acompañada de profundo amor.

A Rachel Ann Pernak-Brennon, de Gran Bretaña, se le rompió el corazón cuando a Ben, su adorado perro collie, le diagnosticaron cáncer. Llena de dolor, Rachel se sentó y comenzó a verbalizar sus sentimientos; no rezó ni habló con alguien en particular; más bien expresó sus emociones.

Unos minutos después, Rachel percibió una presencia espiritual a su lado, así que le dijo al ángel: "Si hay algo que pueda hacer para ayudar a mi perro, por favor dime qué es y lo haré".

Rachel recuerda lo que sucedió después: "Las manos me empezaron a cosquillear y a palpitar, como si se me fueran a salir de la piel. Sentí un calor ardiente y la presencia de alguien, así que abrí los ojos. No podía creerlo, pero vi muchas lucecitas titilando y brillando.

"Aún me cosquilleaban las manos, pero esta vez Ben entró a la habitación y se sentó junto a mí; puse ambas manos sobre su cuerpo. Al principio, no se veía muy convencido, pero después se calmó y se quedó dormido".

Aunque Rachel no tenía experiencia en sanación con manos, confió en su guía interior. Durante diez minutos, colocó las manos sobre Ben, hasta que desapareció la sensación de hormigueo. Más tarde esa noche, encontró una pluma blanca y supo que era la señal de que intervinieron los ángeles. En los días siguientes encontró dos plumas más.

Esta experiencia motivó a Rachel a empezar a hablar con los ángeles, sentía que debía seguir mandando energía curativa a Ben. Poco tiempo después, los exámenes del perro indicaron que el cáncer había desaparecido.

Rachel estudia para convertirse en terapeuta holístico y realiza sanaciones con ángeles a otros animales y también a personas.

La siguiente historia demuestra lo bien que los animales responden a la energía curativa y a las intenciones claras, expresadas en forma de afirmaciones positivas.

Jerry Hirshfield, psicoterapeuta de California, descubrió que Joy, su gato, tenía una verruga grande en el cuello. Ese mismo día, pero más tarde, el veterinario le extrajo el bulto, y le dijo a Jerry que era probable que la verruga volviera a salir, lo que sucedió un par de meses después. Una vez más, el doctor retiró la verruga del cuello de Joy.

Cuando unas semanas después volvió a salir, Jerry decidió enviar al gato energía de amor con las manos. Acarició el cuello de Joy y al mismo tiempo sentía que olas de amor entraban al bulto y lo disolvían convirtiéndolo en nada. Mentalmente repetía: "El amor de Dios es todopoderoso y está curando este crecimiento; tu cuello está entero, perfecto y completo. Lo sanó el Infinito Poder del Amor, que lo cura todo y en lo que todo es perfecto. Esta verruga, que sólo es una apariencia, está volviéndose nada, y eso es".

Jerry repitió este tratamiento dos veces al día y en tres días, la verruga se había reducido; luego de una semana de tratamiento continuo, despareció por completo. Volvió a salir una vez más, y Jerry aplicó el mismo tratamiento de energía de amor y oración, y la verruga se deshizo.

No obstante, cuando volvió a presentarse, Jerry pidió ayuda a los ángeles. Acababa de leer un libro sobre sanación con ángeles, así que en esta ocasión, Jerry añadió a sus oraciones anteriores: "Queridos ángeles, por favor ayúdenme a mandar el amor de Dios al cuello de Joy". La verruga despareció más rápido que las veces anteriores, y hasta la fecha no ha vuelto a salir.

Desde entonces, Jerry administra el mismo tratamiento, con la asistencia de sus ángeles, a sus propios dolores, molestias y males. En su caso, una gripe desaparece en tres días, cuando a otras personas los síntomas les duran una semana o dos. Aplica el tratamiento casi a cualquier dolor para desaparecerlo por completo o para reducirlo de manera considerable.

Jerry dice: "Ahora sé que la energía de Dios siempre está a nuestro alcance y sana al instante si nos colocamos de manera consciente en el flujo del campo de la energía. Llamar a los ángeles nos ayuda a hacerlo mejor porque ellos siempre están en ese campo".

Ha aplicado tratamientos a otras personas y descubre que las sanaciones ocurren en proporción directa a la fe de quienes los reciben. "La gente que está abierta a la posibilidad de que pueden ser ayudados de esta manera, es la que más ayuda recibe", dice Jerry.

ENERGÍA CURATIVA PARA LOS LLAMADOS OBJETOS INANIMADOS

La energía curativa no se limita a sanar los cuerpos físicos de la gente y los animales, también alivia a los objetos que aparentemente son inanimados. Como todo está compuesto de átomos y energía, entonces a todos les afecta la energía curativa.

Kristen, que es angelointuitiva y sanadora Reiki en Australia, descubrió que un virus había infectado su computadora. Usó el escáner de virus para eliminar los archivos infectados, pero el daño estaba hecho. Después de intentar resolver el problema con otros métodos, Kristen se fue a la cama enojada y decepcionada.

A la mañana siguiente, decidió escanear su computadora otra vez, al tiempo que le enviaba energía Reiki. También le pidió a los arcángeles Miguel y Uriel que la ayudaran a limpiar su computadora de todos los virus. Explicó a los arcángeles que una computadora infectada afectaría de manera negativa su trabajo espiritual.

Mientras, Tim, el esposo de Kristen, le sugirió que llamara a un técnico para que la asistiera, pero ella respondió con seguridad que no iba a necesitarlo porque los ángeles tenían la situación bajo control. Minutos después, el resumen del escáner indicaba: "No hay archivos infectados". Kristen y Tim dieron gracias a los ángeles con gran alegría y gratitud. Cuando Kristen sacó una carta del oráculo de ángeles ese mismo día, pero más tarde, no le sorprendió que fuera la del "Arcángel Miguel".

La energía curativa es eficaz porque todo lo que hay en el Universo está conformado por energía. Si enviamos energía curativa, la configuración de los sistemas de energía vuelve a su estado natural de salud y orden.

Una parte importante del trabajo con energía curativa es la limpieza y el equilibrio de los chakras, los centros de energía interna del cuerpo. El trabajo en chakras nos ayuda a sanar física y emocionalmente, como se menciona en el siguiente capítulo. A aquellas personas familiarizadas con el trabajo de sanación de chakras quizá les interese en particular leer las secciones en las que se habla de nuevos trabajos de sanación de chakras que tienen que ver con adicciones, vidas pasadas y limpieza de ataques psíquicos.

CAPÍTULO 15

Cuidado del cuerpo energético y de los chakras

En la actualidad, mucha gente sabe qué son con los chakras (chakra significa "rueda" en sánscrito, antiguo idioma oriental). Como ya se mencionó, los chakras son centros de energía que están en el interior del cuerpo y que hacen circular la energía de fuerza y vida, es como una raqueta que le pega a una pelota.

La mayoría de los sistemas reconoce siete chakras mayores, que se ilustran en la siguiente página, y son: chakra raíz, se localiza en la base de la columna vertebral; sacro, ubicado entre el ombligo y la base de la columna vertebral; del plexo solar, está atrás del ombligo; del corazón, en el pecho; de la garganta, en el área de la manzana de Adán; el tercer ojo, que se encuentra entre los dos ojos físicos; y el de la corona, que está en la parte superior de

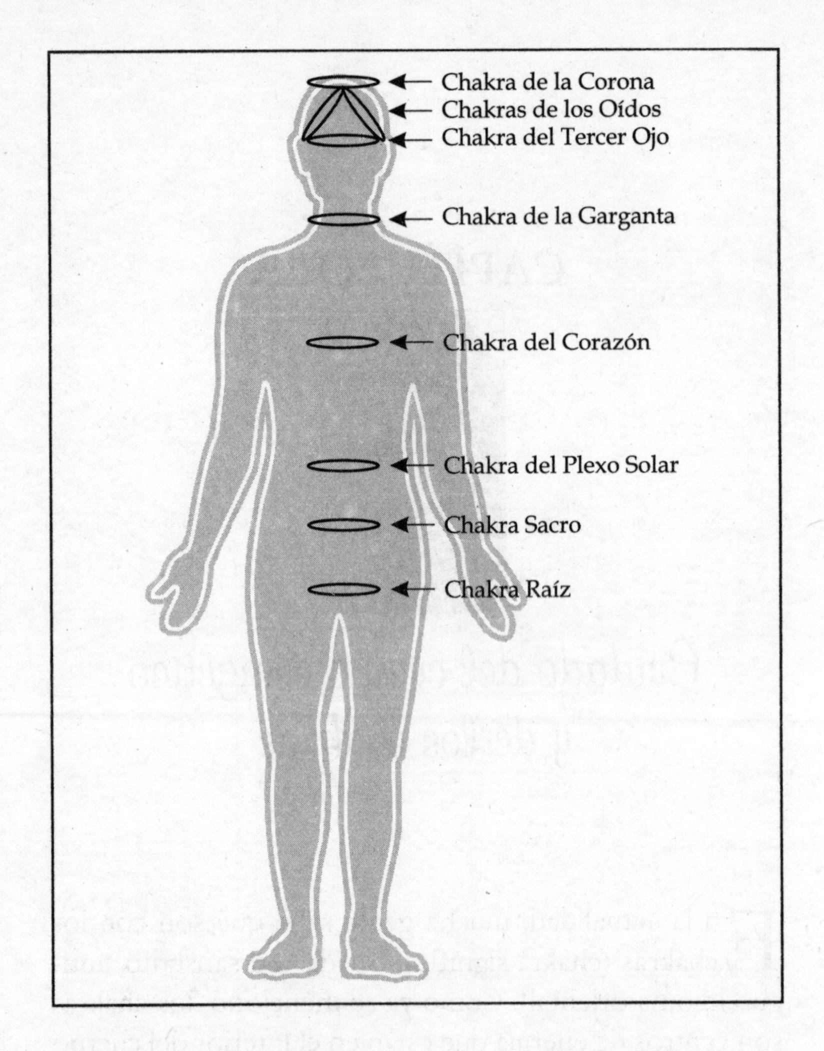

la cabeza. También están los "chakras de los oídos", ubicados sobre las cejas.

***

A la vibración de cada chakra le corresponde un color diferente, dependiendo de la rapidez con que gira el chakra. Los colores fríos (morado, azul y verde) son producidos por las vibraciones de luz y de los chakras que se mueven más rápido; los colores cálidos (amarillo, anaranjado y rojo) provienen de la luz y corresponden a los chakras que se mueven despacio.

Cada chakra tiene una función en especial; la mayoría está ubicada junto a glándulas hormonales, por lo tanto controlan su regulación y equilibrio. Cuatro chakras influyen en las capacidades psíquicas conocidas como "clariconocimiento" (saber cosas sin entender cómo se recibió la información); "clariaudiencia" (escuchar la voz del Divino); "clarividencia" (tener visiones psíquicas), y "clarisensibilidad" (sentimientos intuitivos).

LOS CHAKRAS

NOMBRE DEL CHAKRA	UBICACIÓN EN EL CUERPO	COLOR CORRESPONDIENTE	FUNCIÓN
Corona	Parte superior de la cabeza	Morado	Clariconocimiento
Oído	Sobre cada ceja	Violeta	Clariaudiencia
Tercer ojo	Entre ambos ojos	Azul índigo	Clarividencia
Garganta	Manzana de Adán	Azul claro	Decir la verdad a sí mismo y a los demás Objetos creativos
Corazón	Pecho	Verde	Clarisensibilidad Relaciones Amor espiritual
Plexo solar	Ombligo	Amarillo	Poder y control
Sacro	Entre el plexo solar y la raíz	Anaranjado	Salud corporal y apetitos
Raíz	Base de la columna vertebral	Rojo	Profesión, finanzas hogar y seguridad material

LIMPIEZA DE LOS CHAKRAS

Los chakras son muy sensibles y absorben energía negativa, esto los ensucia y altera su tamaño. En los individuos sanos, los chakras tienen la misma longitud (equilibrados) y no tienen energía oscura (limpios), la cual se adquiere cuando estamos cerca de gente o de situaciones negativas, o cuando tenemos pensamientos negativos. El tamaño de los chakras se reduce cuando tenemos algún temor; mientras que las obsesiones hacen que el chakra se agrande de manera desproporcionada en comparación con el resto.

Una de las maneras más sencillas de desarrollar tus capacidades psíquicas es conservando los chakras limpios y equilibrados. El yoga y la meditación son dos métodos muy eficaces para limpiar y equilibrar los chakras. Si prefieres una meditación guiada, también cuento con un audiocasete (y CD) que se llama *Chakra Clearing.* En la Parte III de este libro, encontrarás varios métodos que te ayudarán a limpiar y a equilibrar los chakras.

CORDONES ETÉREOS

Cuando tenemos relaciones en las que existe algún tipo de miedo, desarrollamos un apego poco sano, el cual es como una correa que dice: "¡No cambies!" "¡No me dejes!" "¡No me lastimes!"

Estos apegos son palpables y visibles cuando percibes su existencia. Yo los llamo "cordones etéreos" porque son como tubos ortopédicos que están pegados de una persona a otra. (En algunos casos, los cordones van de una persona a un objeto material que tiene miedo de perder). Los cordones etéreos son un tipo de disfunción que se percibe con los sentidos psíquicos.

Los cordones etéreos forman un conducto para que la energía viaje entre dos personas. El individuo que está en el otro extremo del cordón drena tu energía sin que estés consciente de ello; o puede enviarte energía negativa a través del cordón, provocando dolor físico que no tiene causa médica.

La gente servicial tiene muchos cordones atados a las personas que asiste. No importa que reciba dinero por ayudar, los cordones se crean cuando el "ayudado" depende de la asistencia del "ayudador". Así que si tienes un mejor amigo que continuamente te llama para pedir tus consejos, quizá tengas un cordón etéreo atado a esa persona.

Muchos individuos con dolor crónico de hombros, cuello y espalda tienen largos cordones en esas áreas, que son los verdaderos causantes del malestar. Entre más tiempo haya durado la relación, más largo es el cordón; por lo tanto, los cordones más largos son los que más energía llevan y traen. Con frecuencia descubro que las personas con dolores crónicos tienen cordones largos atados a miembros de su familia en primer grado.

Una mujer de nombre Samantha, que fue a mi curso Angelointuitivo en Melbourne, subió al escenario y permitió que le cortara largos cordones que vi que le salían de la espalda. Cuando le pregunté si le dolía la espalda, Samantha respondió que su dolor era crónico y le provocaba insomnio con frecuencia. Intuí que los cordones llegaban a su ex esposo, con quien mantenía una relación a causa de la custodia compartida de sus hijos. Al instante, Samantha aceptó que su ex esposo era "un dolor".

Llamé al arcángel Miguel para cortar los cordones de Samantha, pero descubrí que se resistían a ser separados. Esto siempre indica que la persona tiene ira, no perdona o desea vengarse. Le pedí a Samantha que respirara profundo, y después dije: "¿Por fin quieres deshacerte del dolor relacionado con tu ex esposo y tu espalda? ¿Te gustaría cambiar el dolor por la paz?"

Cuando exhaló y respondió que sí, Miguel y yo pudimos cortar los cordones con facilidad. Al día siguiente,

Samantha me dijo a mí y a los alumnos del taller que había dormido como nunca en su vida, sin dolor. Y por primera vez desde su divorcio, pudo pensar en su esposo sin rabia.

Además de provocar dolor físico, los cordones etéreos son causa del síndrome de fatiga crónica y de agotamiento. En esos casos, la persona tiene demasiados cordones pegados a individuos necesitados que están drenando su energía. Si estás en esa situación, quizá temes que los necesitados realmente dependan de ti por completo. No obstante, si su necesidad te afecta, entonces quiere decir que te bajaron a su nivel, que minaron tu fuerza, y eso a nadie hace bien.

Para sanar la situación, mentalmente afírmales: "Dios satisface todas tus necesidades, igual que las mías. Eres fuerte, vital y sano, como yo". Después pide a los ángeles que te den la fortaleza para decir no, y la capacidad para descansar cuando lo necesites. Conserva limpio el chakra de la garganta para que tengas el valor de ser honesto con los individuos que te drenan.

(En la Parte III, leerás métodos específicos para cortar cordones etéreos y limpiar tus chakras de desechos psíquicos.)

Jeannine Proulx estaba pasando un momento difícil y en su desesperación recurrió al método de corte de cordón. Su prometido había vuelto a caer en la adicción e ingresó a un centro de atención; eso los dejó mal económicamente y Jeannine tuvo que mudarse a casa de los padres de su novio.

Cuando él regresó a casa, su madre enfrentó a Jeannine y la acusó de ser la causante de la adicción y recaída de su hijo. La furia de la mamá fue tan intensa, que Jeannine tuvo que pasar unos días en casa de su hermano.

En esa época, estaba leyendo un libro que se llama *The Lightworker's Way*. Cuando iba manejando a casa de su hermano, recordó la técnica de corte de cordón etéreo descrita en él. A Jeannine le dio curiosidad saber cómo era el lazo que tenía con su suegra. Al instante, tuvo la visión de un cordón enorme y viscoso que salía de su estómago, se extendía hacia el cielo y llegaba a su suegra. La visión fue tan clara, que se asustó, pues no se consideraba clarividente.

Se visualizó cortando los cordones y vio que las capas de lodo se desprendían con facilidad con un serrucho etéreo. Sin embargo, en el interior de las capas externas había hileras de cables de acero, así que Jeannine se visualizó usando una sierra de cadena para cortarlos. Los cables se desprendieron en la misma forma que lo hace el acero, ¡con un sonido fuerte! El proceso le pareció misterioso, pero liberador. No se detuvo hasta que el último cable, que fue el que más opuso resistencia a ser cortado, se rompió gracias al poder de la sierra. Después Jeannine sacó de su estómago lo que quedaba del cordón, y sintió un jalón doloroso que le dejó un hueco en el interior. Lo llenó con luz blanca y amor para aliviar el dolor.

Jeannine dice: "La libertad que obtuve ese día cuando rompí los cordones que me ataban a la madre de mi prometido y a sus temores, le ha dado más poder a mis capacidades autocurativas del que jamás creí. Me ha permitido deshacerme de los miedos de otras personas y recuperar mi energía".

Ahora, Jeannine y su suegra tienen una relación de mutuo respeto, carentes de cadenas de acero.

Cortar cordones etéreos y limpiar los chakras producen profundos efectos curativos, que a veces se extienden a vidas pasadas. Aunque la reencarnación sigue siendo un tema controversial, no lo es tanto cuando se trata de sanaciones que pueden ocurrir a partir de una regresión a vidas pasadas. Fobias, ansiedades y adicciones se curan rápido cuando la persona descubre que el problema se originó en una vida pasada. Aunque creas que el individuo sí vivió una vida pasada, o pienses que es la metáfora de una situación en la vida actual, o incluso si descubres que la vida pasada es de tu guía espiritual, los resultados de las regresiones son impresionantes.

> Cordelia Brabbs asistió a mi taller de todo el día "Sanación con ángeles", en Edimburgo, Escocia, donde con los arcángeles Rafael y Miguel guié a los presentes a través de una sesión muy profunda e intensa de corte de cordones y limpieza. Cordelia dice: "Durante el proceso, sentí como si hubieran sacado grandes cantidades de porquería de mis chakras, y me sentí inundada de intensas emociones que me dejaron llorando".
>
> Cinco días después, a Cordelia la atacó una violenta y repentina enfermedad que parecía envenenamiento por comida. Como Cordelia es vegetariana, no ingiere bebidas alcohólicas y su estado de salud es perfecto, sabía que la causa no era física. Se dio cuenta que estaba pasando por un proceso de desintoxicación de energía, como resultado de la limpieza hecha en el curso. Con el paso del tiempo los síntomas desaparecieron y Cordelia pudo irse a la cama.
>
> A la mañana siguiente, sentía como si le hubieran quitado un enorme peso de encima. Se sentía ligera y feliz, sin saber cómo o qué había sucedido. Cordelia estaba tan intrigada, que le pidió a una amiga médium que le diera una explicación. La amiga dijo que Cordelia se había desecho de energía acumulada en una vida pasada en la que era un

niño de clase obrera de Nueva York en 1812, cuando murió de cólera a la edad de 13 años. De inmediato, Cordelia investigó sobre el cólera en Internet y descubrió que los síntomas de los días anteriores eran los mismos que los del cólera. Dice: "A partir de mi experiencia, me descubrí recuperando mi poder como trabajadora de la luz, y estoy en el proceso de manifestación del objetivo de mi vida Divina, algo que antes me aterraba. Sinceramente creo que debo agradecer a los ejercicios de limpieza de Miguel, Rafael y Doreen por mi nueva vida, libre de temores".

SANACIÓN DE ADICCIONES A TRAVÉS DEL CORTE DE CORDÓN ETÉREO

Además del alivio del dolor y el incremento de energía, las personas que cortan sus cordones etéreos dicen que se alivian de adicciones, incluyendo alcoholismo, cigarro, drogas y comida compulsiva.

El arcángel Rafael me enseñó el método de sanación de adicciones (Parte III de este libro) a fines de 2001, y de inmediato comencé a utilizarlo en mis talleres. Guiaba a las audiencias a través de los métodos, para sanar sus adicciones y para que los usaran con los clientes que también luchaban contra ellas. Aunque no he tenido tiempo de realizar estudios científicos sobre su eficacia, los casos empíricos que he recibido son muy impresionantes.

CÓMO SUPERAR EL COMER EN EXCESO

La adicción a la comida puede ser tan grave como cualquier otra. Como la comida es necesaria para vivir y se aprueba legal y socialmente, la gente que come en exceso por lo general lucha más que las personas con otras adicciones. El método del arcángel Rafael de corte de cordones etéreos a sustancias adictivas funciona muy bien con cualquier adicción.

> Carolyn B., de Los Ángeles, es una sanadora y terapeuta que decidió que su exceso de peso corporal estaba interfiriendo con el propósito de su vida. Además de que había estado recibiendo guía Divina para bajar de peso, Carolyn quería tener un estilo de vida más sano. Se propuso perder ocho kilos (diecisiete libras) sin saber por qué había elegido ese número.
>
> Carolyn probó diferentes métodos para bajar de peso con mínimo éxito. Entonces asistió a mi taller en la iglesia Ágape, en Santa Mónica, California, donde conduje a la audiencia a través de un método de corte de cordón de adicciones.
>
> Carolyn puso en su regazo comida, falta de decisión y otras adicciones para que fueran eliminados. Dice: "Literalmente sentí un cambio en mi conciencia. También llamé al 'ángel de pérdida de peso' (idea mía) para que me ayudara. Perdí el ansia de comer en exceso y me encaminó hacia alimentos más sanos". A Carolyn ya no se le antojaba la carne ni el alcohol y comenzó a llevar una dieta más vegetariana.
>
> En poco tiempo bajó ocho kilos y dos trallas de ropa, y ha conservado el peso por varios meses. Después de haber luchado contra su peso durante seis años, Carolyn dice: "No es más que un milagro que recuperara mi peso y se haya ido con la ayuda de los ángeles. Al principio no podía creerlo, y continuamente me subía a la báscula para estar se-

gura que era real. Con la pérdida de peso me siento más sana y más contenta. Los ángeles son mágicos".

El peso no es el único problema del antojo de comida. En el caso de cualquier adicción, parte del sufrimiento proviene del sentimiento de que no tienes más opción que caer en el vicio. El ansia obsesiona y controla al adicto, así que aliviarse de una adicción le da a la persona la libertad de elegir, lo que por lo general hace que se eleve el respeto a sí mismo.

Carol Manetta es una angeloterapeuta que luchó con el antojo diario de chocolates. Como no quería que una sustancia la controlara, Carol le pidió a los ángeles que la ayudaran. De inmediato, sintió una fuerte reducción del ansia y ya no sentía que tenía que comer chocolate todos los días.

Carol siguió comiendo chocolate de vez en cuando, pero desde que invitó a los ángeles a que la asistieran en este problema, los sentía a su alrededor cuando iba a caer. Sus comilonas de chocolate disminuyeron cada vez más, pero luego de dos semanas de no comer ninguno, una noche Carol se atiborró de chocolates. Una hora después, su corazón empezó a sonar como martillo en el pecho. Las fuertes palpitaciones la mantuvieron despierta toda la noche, y se preocupó mucho por su historia de arritmias y prolapso de válvula mitral. Cuando reaccionó igual a dulces que no eran chocolates, decidió alejarse del chocolate y del azúcar.

Dice que es un milagro que ya no se le antojen los dulces. Informa: "Ahora, el amor de Dios y la fruta fresca endulzan mi vida. Ya no se me antoja el azúcar. De hecho, cuando voy a las tiendas de abarrotes y a las de alimentos sanos no me llaman

> la atención los dulces. Siento un fuerte rechazo hacia los productos que contienen azúcar. Mi salud nunca ha estado mejor, y eso se lo agradezco a Dios y a los ángeles".

ALIVIO DE ADICCIÓN A DROGAS Y ALCOHOL

Por lo general, cuando pensamos en adicciones, drogas y alcohol se nos vienen a la mente. Igual que en los casos de sanación de adicción a la comida de Carolyn y Carol, cortar los cordones etéreos de sustancias que alteran la mente también produce resultados maravillosos y a veces milagrosos.

> Holly Andrews-Rising usaba grandes cantidades de cocaína para ocultar su dolor emocional. Sabía que su adicción estaba matándola y que necesitaba dejarla, así que empezó a ver a un sicoterapeuta que le sugirió que leyera mi libro *Healing with the Fairies*, lo que Holly hizo en tres días. Sintió que debía investigar en los archivos de mi boletín informativo y encontró el artículo de septiembre de 2002, en el que se daba detalles del método de sanación de adicciones del arcángel Rafael (que podrás leer en la parte III de este libro).
>
> Holly dice: "En el fondo sabía que si alguna vez iba a ayudar a alguien como trabajadora de la luz, tenía que eliminar las constantes ansias por consumir cocaína. Así que hice todo como lo indicó el arcángel Rafael. ¡Jamás podré explicar qué sentí!" Ocho meses después, sigue sin consumir, sobria y sin ansias. Holly está terminando los cursos para recibir su certificado de la preparatoria y tiene planeado asistir a la universidad después. También cuenta su historia en varias iglesias para inspirar a

otros. Todos los días da gracias a Dios y sus ángeles por haberla sanado.

Luego de haber trabajado en hospitales donde se trata alcoholismo y drogadicción, y en otras instituciones, puedo dar fe de lo milagrosa que es la recuperación de Holly. La adicción a la cocaína tiene uno de los índices más altos de recaídas, y destruye vidas —su exorbitante costo provoca que el adicto realice actividades destructivas para obtener dinero, y su impacto en el cuerpo es corrosivo y peligroso. Este método también funciona con adicciones a otras drogas, incluyendo alcohol, cafeína y cigarrillos.

Eva, de Noruega, también siguió la receta del arcángel Rafael para dejar sus adicciones después de leer el boletín Angeloterapia de septiembre de 2002. Fumadora durante 30 años, siguió los pasos del método y tiene 15 años sin fumar.

También he hablado con personas que utilizaron el método para dejar con éxito su adicción al trabajo, a las apuestas, a relaciones infelices crónicas, deudas, falta de decisión, y demás comportamientos que interfieren con la salud y la felicidad.

DESAPARICIÓN DE MALDICIONES Y DAÑOS

Cuando alguien está enojado con nosotros, consciente o inconscientemente puede enviarnos energía negativa. Una persona muy poderosa que está molesta por algo puede mandar bolas de fuegos psíquicas. También podemos maldecirnos a nosotros mismos cuando nos enfurecemos o nos decepcionamos por el rumbo que toman las cosas en nuestra vida.

La energía de intensa furia se manifiesta etéreamente en "ataque psíquico". Cuando esto sucede, se alojan dagas, puñales, flechas y otros objetos filosos en el cuerpo de la persona atacada, generalmente en la espalda. Aunque las armas no son físicas, provocan dolor físico real.

Aprendí sobre el fenómeno luego de que una ex alumna mía se enojó porque no dejé que fuera voluntaria en uno de los seminarios. De igual manera asistió, aunque todo el tiempo estuvo sentada afuera. Después del seminario, recibí un tratamiento de masaje curativo. A mitad de la sesión, vi que levantaban una docena de dagas de mi espalda.

Me sintonicé para ver qué eran y de inmediato supe que la ex alumna me había atacado psíquicamente. Al día siguiente descubrí que también había atacado a mi asistente.

Hice más investigaciones y realicé sesiones con las audiencias. Me di cuenta que la mayoría de la gente sin saberlo porta esas armas de ataque psíquico en su cuerpo etéreo. Con el método que se describe en la Parte III de este libro, los miembros del público pudieron ver y sentir que las armas eran retiradas de sus cuerpos. El arcángel Rafael sanaría las heridas y las incisiones psíquicas, y el arcángel Miguel enviaría energía de amor para aliviar al atacante y evitar ataques posteriores.

Aunque el tema me parecía muy pesado y oscuro, descubrí que mi público sanaba cuando recurría a este método. Muchas personas me contaron de su alivio inmediato de dolor de espalda y de cabeza luego de que los ayudé a eliminar las armas de sus cuerpos etéreos.

Y una mujer que ni siquiera me había oído mencionar el método, me mandó esta historia.

> Un día que Rochelle estaba en la iglesia, empezó a orar para que mejorara su vida. Entonces frente a ella vio un ángel con las alas dobladas en la espalda. Rochelle escuchó una voz incorpórea que le decía al ángel qué hacer. Éste se acercó a ella y comenzó a sacarle dagas de la garganta, las orejas y el

corazón. Cuando el ángel terminó el trabajo que le ordenó la voz, se fue tan de repente como apareció. Su luz era tan brillante, que Rochelle no podía abrir los ojos.

A la noche siguiente, una presencia oscura en su habitación despertó a Rochelle en medio de la noche. Después, el ángel que vio desapareció en la oscuridad. Rochelle se durmió tranquilamente con la imagen de ángeles sentados en todo el techo de su casa.

No le había mencionado el incidente a su esposo, así que se impresionó cuando al día siguiente él le dijo que la noche anterior había visto un ángel en la recámara. Aseguró que no había sido un sueño. El ángel protegió a Rochelle y a su esposo de otro atraque psíquico.

ATRACCIÓN DE MÁS LUZ

Cuando cortamos cordones etéreos y limpiamos nuestros chakras, permitimos que más luz Divina brille en nuestro interior. Es el equivalente a sacudir el polvo de un foco para que proyecte toda su intensidad. Nuestra luz interior también responde al calor y al brillo de la luz del sol, de la luna y de las estrellas, como mencionaré a continuación.

CAPÍTULO 16

Ángeles y sol

Como luz más amor es igual a sanación, tiene sentido que llevemos toda la luz y el amor que se pueda a cualquier situación que requiera sanarse. Entre más luz de cualquiera de los métodos (limpieza de chakras, trabajo curativo con energía, cristales, etc.) mejor.

En los templos de sanación de la Atlántida, trabajábamos con cristales dirigiendo la luz del sol y la espiritual de las líneas de energía hacia los chakras de los pacientes. Los pacientes se acostaban en una cama hecha con cristal y sobre cada chakra se le colocaba la punta de cristales grandes. Las sacerdotisas se turnaban para dirigir la luz a través de cada cristal hacia los chakras, uno tras otro. En estas sesiones de sanación también orábamos e invocábamos a los ángeles. El resultado era que gente de todo el mundo viajaba a los templos de sanación para someterse a sanaciones profundas.

La luz del sol es un tratamiento curativo que data desde los antiguos Egipto, Grecia y Roma, además de otras culturas y países. Por ejemplo, en Grecia y Roma, los médicos enviaban a los pacientes a un "solario" para que se expusieran a los curativos rayos del sol. Hipócrates, el "padre de la medicina" griego, recomendaba "helioterapia" (sanación con sol) en sus escritos y a sus pacientes. A finales de la década de 1800, los doctores trataban la tuberculosis con exposición al sol, porque éste tiene la capacidad de matar bacterias asociadas a esta enfermedad y a sus infecciones.

Muchas civilizaciones antiguas literalmente adoraban al sol. Las culturas azteca, maya, egipcia, celta, persa, griega, romana y otras, oraban a los dioses sol para que las ayudara y las sanara. Las ceremonias solares alababan al sol por su fuerza dadora de vida. Las primeras iglesias cristianas (sobre todo las católicas) decían que esta adoración pagana era pecado y comenzaron a oponerse con fuerza a su práctica. Aunque las referencias a la veneración del sol siguen siendo evidentes, sobre todo el domingo de cada semana.

* * *

La parte amorosa de la ecuación de sanación se encuentra en la oración y la invocación de la ayuda del Cielo. Los ángeles, como seres puros y sin ego, dan luz y amor a cualquier situación. Cuando la invocación y la intervención angelical se combinan con otras fuentes de luz, se abre la puerta a las sanaciones profundas.

> Jackie Stevens se sentía perdida, confundida y sola. Su nivel de energía era bajo y no podía dormir, signos clásicos de depresión. Un día no fue a trabajar y se sentó afuera a la luz del sol bajo un árbol. Oró pidiéndole ayuda a Dios, los ángeles, los arcángeles, a su yo superior y a las hadas. Cuando

Jackie cerró los ojos y respiró profundamente, sintió que el sol calentaba su cuerpo, penetrando por su ropa de invierno. Se quedó allí sentada durante mucho tiempo, disfrutando de la naturaleza. Entonces, Jackie sintió que la soledad y la vulnerabilidad se fueron. Experimentó más energía, lo que le dibujó una sonrisa en la cara y dio ligereza a su corazón. Se dio cuenta que no estaba sola y no lo estaría en el futuro.

Jackie continuó con su tratamiento de luz natural sentándose bajo la luna y las estrellas esa noche. Sintió que la luz de éstas la limpiaba a profundidad. Dice: "Sentí la mente, el cuerpo y el alma más limpios que nunca. También me sentí totalmente conectada con el universo. Ahora disfruto de un paseo en el exterior de cuando menos una hora todos los días. Y en las noches salgo a ver la luna y las estrellas, sobre todo si no puedo dormir. He descubierto que el sol reabastece nuestra energía y la luna limpia nuestro corazón, mente y alma".

Hoy, Jackie ayuda a otros a ponerse en contacto con sus ángeles y sana con ayuda de ellos. Igual que Jackie, la mujer de la siguiente historia también realiza sanaciones e interpretaciones privadas con ángeles como resultado de su sanación personal en la que intervino el sol.

La vida de Angie Hartfield estaba en un punto bajo. Atravesaba por un divorcio difícil y su padre estaba enfermo. Además de eso, había empezado a presentar ataques acompañados de inflamación dolorosa y falta de respiración.

Los síntomas se agravaron tanto, que tuvo que ir a urgencias. Los resultados de sus exámenes revelaron una enfermedad autoinmune que se llama lupus eritematoso sistémico. Comenzó una terapia con esteroides y le dijeron que se quedara en casa con las cortinas cerradas y lejos de la luz del sol. Se deprimió mucho, no comía y dormía casi todo el día.

Las hijas estaban comprensiblemente molestas por la enfermedad de su madre, sobre todo porque el abuelo también estaba enfermo. Angie empezó a orar. Dice: "Al principio, no sabía por qué rezar. Sólo quería aliviarme y necesitaba apoyo con desesperación. Sabía que tenía ángeles y les pedí ayuda. Me motivaron a que fuera a la librería y me dijeron que comprara *The Messengers*, de Julia Ingram y G. W. Hardin, y *Angel Therapy*, de Doreen. Primero leí éste, me senté a llorar cuando me di cuenta que no estaba sola y que con la ayuda de mis ángeles, superaría la enfermedad".

Después, los ángeles guiaron a Angie para que cambiara a un médico homeópata. Para gran alivio de Angie, el nuevo doctor le quitó los esteroides; también la ayudó a trabajar hacia su recuperación y le indicó como manejar los síntomas.

El avance animó a Angie a hablar con sus ángeles con más frecuencia. La guiaron para que eliminara comportamientos dañinos de su estilo de vida. Esto dio como resultado una autoestima y seguridad más elevadas, que motivaron a Angie para que sanara.

Los ángeles le indicaron que usara afirmaciones positivas y se visualizara siendo feliz y sana. Al poco tiempo pudo dejar de tomar las medicinas, excepto el antiinflamatorio, al que sólo recurría en circunstancias extremas.

Dice: "Mis ángeles me aseguraron que muy pronto me liberaría de todos los medicamentos. Sentí como si estuviera en un curso de 'entrenamiento angelical', pues me enseñaron sobre la vida y cómo volverme una persona sana".

Hace tres años que Angie no presenta ningún síntoma. Sabe que la enfermedad desapareció por completo y que ya no la reconoce como parte de ella. Se mudó a Hawai con sus hijas y Duke, su nuevo esposo. Cuenta: "Continuamente salgo al sol. Los ángeles me dice que me marchitaré como una flor si no lo tomo".

QUE BRILLE EL SOL

Un dicho italiano dice: *Dove il sole non entra il dottore*, que significa, "Donde el sol entra, el médico no va". Como ya se mencionó, estudios científicos demuestran que aunque el sol puede producir efectos dañinos, si uno no toma el sol se arriesga a experimentar problemas mayores de salud. Estadísticamente, más gente muere por enfermedades asociadas a la falta de sol que personas con cáncer de piel. Como en todo, la moderación es importante cuando se trata de exponerse al sol, no es muy inteligente quemarse, pero tampoco lo es alejarse de él por completo.

Como el temor al cáncer de piel ha provocado que muchos individuos huyan del sol —después de todo cáncer es una palabra ominosa— es importante considerar la evidencia científica con respecto a los pros y los contras de la exposición al sol. Luego de leer las últimas investigaciones médicas que aparecieron en las prestigiosas publicaciones *The Journal of the American Medical Association* y *The New England Journal of Medicine*, el consenso general sobre la relación del sol con la salud se resume de la siguiente manera:

— **El sol está relacionado con tipos de cáncer de fiel no letales.** La exposición excesiva a la luz ultravioleta (UV) influye en el desarrollo de carcinoma en células elementales y en células acinosas, dos tipos de cáncer en la piel que se tratan con facilidad y rara vez resultan letales.

Estos cánceres se presentan básicamente en individuos de piel muy blanca que se exponen al sol de manera intermitente. En otras palabras, pasan la mayor parte del tiempo trabajando y viviendo en interiores, y cuando salen se queman en lugar de permitir que su cuerpo se adapte poco a poco al sol.

— **El cáncer de piel potencialmente fatal tiene que ver con la dieta y no con los UV.** La relación de la exposición a los UV con el melanoma maligno, el cáncer de piel fatal, aún no se comprende. Hay evidencias que indican que quemarse mucho con el sol produce melanoma. No obstante, otro estudio demuestra que el factor más importante es el desequilibrio de grasas en la dieta. Sobre todo entre las personas que no ingieren suficientes ácidos grasos omega-3.

— **El papel del ozono no es claro.** Los rumores negativos sobre la relación del ozono con el cáncer de piel son más una leyenda urbana que un hecho científico. En un estudio realizado sobre el papel que juega la reducción del ozono en el cáncer de piel, se descubrió que a pesar de que la capa de ozono no ha sufrido cambios en los cielos de Noruega, el índice del melanoma maligno presentó un incremento. Los informes de que las ovejas chilenas han desarrollado cataratas en los ojos a causa de su cercanía con el hoyo en la capa de ozono del Antártico, no tienen fundamentos científicos. Curiosamente, otros estudios llevados a cabo en Chile no encontraron cambios significativos en la salud de la población animal ni humana.

— **La disminución de la vitamina D es peligrosa.** La gente con deficiencia de vitamina D es más propensa a desarrollar cáncer de mama, de colon, de ovarios y de próstata; las enfermedades cardiacas, presión arterial alta, esclerosis múltiple, ictericia y osteoporosis, también están relacionadas con la falta de vitamina D. Muchos estudios demuestran que se presenta carencia de vitamina D entre aquellos que viven en localidades que no les da el sol, individuos de piel oscura que no salen de su casa o están hospitalizados, y mujeres que por costumbre visten con ropa y velos que impiden que su piel se exponga al sol. Esto sucede incluso a personas que ingieren suplementos de vitamina D. En otro estudio se descubrió que las mujeres de edad avanzada padecen deficiencia de vitamina D en los meses de invierno, cuando los niveles solares son bajos.

— La baja exposición al sol está relacionada con el cáncer. Muchos estudios científicos muy bien documentados, demuestran que las mujeres que viven en latitudes norte son hasta 150% más propensas a desarrollar cáncer de ovario y de mama que aquellas que habitan en los soleados lugares del sur. En otro estudio también se descubrió que las mujeres que trabajan en exteriores tienen mucho menos posibilidades de presentar cáncer de mama o de colon, en comparación con las que trabajan en interiores. Los científicos saben que la falta de sol provoca deficiencia de vitamina D, que está relacionada con el cáncer de ovario, de mama y de colon. La vitamina D protege contra esos tipos de cáncer.

— El trastorno afectivo estacional (SAD, por sus siglas en inglés) afecta a millones. En los meses de invierno, la gente con SAD sufre depresión, se vuelve letárgica, duerme en exceso, se le antojan los carbohidratos, sube de peso, pierde interés en hacer cosas con otras personas, se siente culpable, y la vida en general no le emociona. Los síntomas mejoran cuando los que padecen SAD se exponen a luz de amplio espectro.

— **La luz del sol incrementa el desempeño mental y físico.** En un estudio realizado a 22,000 estudiantes estadounidenses se descubrió que cuando estaban en salones expuestos a la luz natural del sol, el resultado de sus exámenes se elevó en 26%. Se ha demostrado que el sol baja la presión arterial, aumenta el abastecimiento de sangre a los órganos y músculos, incrementa el oxígeno que llega a los tejidos del cuerpo y eleva el glicógeno (energía almacenada) de los músculos y el hígado.

— **El sol beneficia la salud.** Además de incrementar el abastecimiento de vitamina D, el sol produce un efecto de insulina benéfico para los diabéticos. Hacer ejercicio al aire libre, bajo el sol, disminuye la cuenta de ácido láctico, que reduce el dolor muscular provocado por el ejercicio. La exposición al sol también baja el colesterol en suero y parece que aumenta nuestra tolerancia al estrés porque reduce el reposo del corazón, la presión arterial y la respiración. De acuerdo con el médico Zane Kime, autor de *Sunlight*, cuando estamos estresados producimos demasiada adenosina monofosfato cíclico (cAMP), que perjudica a nuestro sistema inmunológico y reduce la resistencia al cáncer. Esto sucede sobre todo en individuos cuya dieta es alta en grasas polinosaturadas. Parece que el cAMP es muy sensible a la exposición solar y el sol lo reduce y lo destruye. Esto produce un efecto sedante, una de las razones por las que nos da sueño cuando estamos en el sol.

— **El sol es benéfico para los niños.** Estudios demuestran que el sol alivia la ictericia neonatal y aumenta la masa ósea de niños prepubescentes. También las madres que se exponen al sol durante el embarazo son más propensas a dar a luz bebés más grandes, que las mamás que pocas veces toman el sol durante ese periodo.

LA CONEXIÓN CON LA GLÁNDULA PINEAL

El sol entra al cuerpo básicamente a través de los ojos, que dirigen la luz a la glándula pineal del cerebro. Entonces ésta usa al sol para producir la útil hormona melatonina, que desencadena la producción de serotonina.

La serotonina es importante para mantenernos tranquilos, nos ayuda a dormir bien en la noche, disminuye los síntomas del síndrome premenstrual y enuresis nocturna, y reduce las ansias de consumir carbohidratos. Como algunos medicamentos sicoactivos funcionan aumentando la producción de serotonina, el sol podría llevar a la reducción del uso de esas medicinas.

Los estudios demuestran que los lentes de sol, los lentes de contacto y los anteojos alteran la capacidad del ojo para detectar los rayos solares. Cuando usamos lentes de sol, el cerebro no reconoce la cantidad de exposición al sol que estamos recibiendo, así que no secreta toda la melatonina que produciría en la luz del sol directa. La melatonina, que hace que nos bronceemos, proporciona protección solar natural. Al usar lentes de sol, nuestro cuerpo no se da cuenta que recibimos la máxima exposición y no genera las defensas naturales que nos permiten evitar las quemaduras. Esto se debe a que los ojos ayudan al cuerpo a ajustar la producción de melatonina según la exposición al sol.

La melatonina da protección solar natural. Los vidrios de cualquier tipo —ya sea el de las ventanas, el de los autos, el de los anteojos, los lentes de contacto o de sol— no permiten el paso de los rayos sanos del sol. Biológicamente, estamos diseñados para exponernos a éste para tener salud y felicidad. El pigmento de la hemoglobina (células rojas de la sangre) es prácticamente idéntico a la clorofila de las plantas. Ésta absorbe la luz del sol y la convierte en energía y alimento para el crecimiento y la salud de la planta. Nuestro cuerpo se beneficia de manera similar con la exposición al sol.

Así que disfrutar de una cantidad moderada de sol en la mañana o ya entrada la tarde (cuando los niveles UV no son tan fuertes), sin filtro solar ni lentes de sol, es importante para la salud. Las personas que trabajan en oficinas, que están en su casa y los pacientes hospitalizados harían bien en abrir las ventanas y permitir que entre la luz del sol, si es posible. Si esto no resulta práctico, una buena idea es caminar al aire libre durante los descansos.

Los filtros solares no son una panacea, pues hay estudios que demuestran que la gente se queda en el sol más de lo aconsejable porque supone que el filtro solar la protege. Los filtros solares comerciales están cargados de químicos que los poros absorben hacia el cuerpo. Estas lociones también bloquean los rayos UV, que son importantes para la producción y absorción de vitamina D, la reducción de la presión arterial y el colesterol en suero que produce el cuerpo.

AMANECER, ATARDECER

Los ángeles de la Atlántida fueron muy claros cuando me dijeron que también nos beneficiamos con la exposición a los colores y la luz de los amaneceres y los atardeceres. Me dijeron que al estar al aire libre durante el amanecer, los chakras superiores se despiertan, se llenan de energía y se preparan para el día que les queda por delante.

También que si nos bañamos con los colores del arco iris (estando afuera observando cómo se mete el sol), nos preparamos para una maravillosa noche de descanso. La puesta de sol estimula a los chakras inferiores.

Esto tiene sentido, ya que los colores del alba cambian de los cálidos tonos de los chakras inferiores a los fríos, colores de los chakras superiores del naciente cielo azul.

Y en el atardecer sucede lo contrario, cambia de los colores de día de los chakras superiores, a los cálidos tonos de la puesta de sol. Entonces, el alba estimula los chakras de abajo hacia arriba, de los inferiores a los superiores (perfecto para llenarte de energía para el día); y el atardecer estimula los chakras de arriba hacia abajo, de los superiores a los inferiores (para que el cuerpo se relaje de las actividades del día y se prepare para descansar en la noche).

Exponernos al amanecer y al atardecer nos conecta con los ritmos naturales de la tierra, lo que nos ayuda a sincronizarnos mejor con el flujo de vida. Idealmente, deberíamos ver el amanecer y el atardecer al aire y libre sin lentes de sol para que nuestro cuerpo absorba del todo la luz. Sin embargo, ver el amanecer y el atardecer a través de la ventana es mejor que no verlos.

LUZ DE ESTRELLAS Y LUZ DE LUNA

Además de la luz del sol, los ángeles de la Atlántida también me dijeron que exponernos a la luz de las estrellas y de la luna es bueno para la salud y la vida.

Desde hace mucho, los ciclos de la luna han servido como indicadores para sembrar y recoger la cosecha. Los ciclos lunares están relacionados con las celebraciones de la fertilidad y la cosecha, que también se asocian con los días santos espirituales y religiosos.

Resulta refrescante e inspirador tomar baños de luna en las tres noches de luna llena (la noche anterior a ella, la de luna llena y la que sigue). Es una sensación mística sentarse al aire libre para bañarte con la luz de la luna. Se reviven antiguos recuerdos de esta "vieja tradición" de conectarse a la espiritualidad a través de la naturaleza antes de que la religión organizada satanizara estas prácticas.

— La noche anterior a la luna llena: noche para recargar. Como un seno que da leche con toda libertad, la casi luna llena ofrece luz para que recarguemos cristales, aceites y cuerpos. Coloca los cristales y demás objetos afuera, si es posible, o junto a la ventana donde recibirán máxima exposición a la luz de la luna durante la noche.

— **Luna llena: noche de liberación.** Cuando la luna está llena, entrégale todo lo que quieres liberar. Puedes hacerlo mentalmente o con acciones, como escribiendo de qué deseas deshacerte y luego quemando o enterrando el papel bajo la luna llena.

— **Luna nueva: noche de manifestación.** En las noches de "luna oscura", la energía está en su punto para que manifiestes tus sueños y deseos. Medítalos y cuéntale a la luna oscura tus intenciones, o escríbelas en afirmativo (esto significa que escribes afirmaciones positivas en las que describes cómo lograste ya tus objetivos). Pídele a la luna nueva y al arcángel Haniel que guíen tus acciones para manifestar esas intenciones, y afirma que se cumplen para el mayor bien.

— **Media luna: noche de valor y poder.** La media luna está simbolizada por los cuernos del toro y es señal de poder. En esta noche, comprométete a avanzar sin miedo. Pídele al arcángel Miguel que te dé valor para que hagas lo que debes para manifestar el propósito de tu vida.

— **Estrellas.** La luz de las estrellas despierta la imaginación y abre la mente antes de dormir. Esto permite que nuestro sueño viaje más alto y más lejos en el plano astral, nos da mayor acceso a los maestros ascendidos, a visitas en sueños a los seres queridos que ya no están, y nos ayuda a resolver problemas en el inconsciente y a crear nuevas ideas durante el sueño.

Somos espíritus encarnados en un planeta hermoso que tiene fuentes de luz físicas —el sol, la luna y las estrellas— diseñadas para darnos apoyo y sanarnos. La luz es una herramienta que todos podemos usar, sin costo alguno. Cuando se une al amor, las posibilidades son ilimitadas. En el siguiente capítulo se tratará un aspecto de ese amor: oración y fe.

CAPÍTULO 17

Oración, fe y ángeles

En los templos de sanación de la Atlántida, orábamos por nuestros pacientes. También rezábamos por nosotras y por los demás. Sabíamos que entre más amor expresáramos desde el corazón, más poder se creaba y se quedaba en el interior del templo. Lo que era bueno para una era bueno para todos; no hacíamos distinciones entre las oraciones por la salud y la felicidad de un paciente y las nuestras. Sabíamos que nuestra fuerza, salud y felicidad beneficiaría a los pacientes.

ESTUDIOS CIENTÍFICOS SOBRE LAS ORACIONES

Cientos de estudios científicos han documentado los beneficios curativos de la oración. Los estudios han descubierto que la persona que reza por su salud, o que otros oran por ella, tiene más posibilidades de sobrevivir a estados graves de salud, necesita menos medicamentos para el dolor, se alivia más rápido, y vive más tiempo que la gente que no reza. Los estudios demuestran que cualquier tipo de oración tiene un efecto significativo y sensiblemente positivo en la salud. Los científicos han descartado los pensamientos positivos como la única causa, pues se han realizado estudios de oración por plantas, bacterias, animales y niños pequeños, que en teoría no saben que está rezándose por ellos.

Por ejemplo, en un estudio de la Universidad de Columbia realizado en el año 2001 en el Departamento de Ginecología y Obstetricia del Hospital Presbiteriano de Nueva York, se encontró que las mujeres tratadas con fertilización in vitro tenían muchas más posibilidades de quedar embarazadas si la gente oraba por ellas. Fue un experimento de doble ciego, esto quiere decir que los médicos, investigadores y mujeres no sabían que se estaba orando por ellos.

Y en un famoso estudio llevado a cabo en el Hospital General de San Francisco, en 1988, se descubrió que ciento noventa y dos pacientes coronarios a quienes se les rezó presentaron un decremento significativo en incidentes de insuficiencia cardiaca congestiva, paro cardiopulmonar y neumonía después de diez meses, en comparación con una población de doscientos diez pacientes que no recibieron oraciones. También requirieron menos medicamentos y menos ventiladores. Un estudio similar realizado en novecientos noventa y nueve pacientes coronarios en 1999 en el Instituto Coronario Mid America, en el Hospital Saint Luke, en la ciudad de Kansas, Missouri, arrojó resultados parecidos.

Otro estudio reveló una importante reducción de los síntomas de artritis reumatoide entre pacientes a los que se les rezó, en comparación con aquellos a los que no. Y un estudio en Israel llegó a la conclusión de que pacientes con infecciones sanguíneas permanecían menos tiempo en el hospital y presentaban menos fiebre si se oraba por ellos.

La mayor parte de los estudios sobre la oración se basa en oraciones de intercesores, es decir que otra persona reza por el paciente. Esto se debe a que es más difícil medir las oraciones que un individuo hace por sí mismo. En 2002, en la Universidad de Bloomsburg, en Pennsylvania, los investigadores encontraron que los alumnos por los que se rezaba presentaron importantes reducciones en síntomas de ansiedad, en comparación con aquellos que no recibieron oraciones de intercesores.

SANACIONES INESPERADAS

Cuando recemos por algo, es mejor que no indiquemos cómo queremos que se respondan nuestras oraciones. Cuando le entregamos a Dios una oración que dice: "Así quiero que manejes la situación", creamos limitaciones. La sabiduría infinita y Divina del Universo nos reserva maravillosas sorpresas cuando oramos con intenciones claras y le ponemos toda la fe a la situación.

> Julie Maggi, de California, se lastimó tan fuerte la espalda, que los médicos sólo le permitían sentarse derecha una hora al día. Sus tres discos desplazados la mantenían atada a la cama y en constante dolor, aunque por instinto Julie sabía que debía sanar su mente, emociones y cuerpo, así que rezó todos los días para que sus ángeles la ayudaran a sanar. Como acto de fe de que sus oraciones serían escuchadas, dejó todos los medicamentos, incluyendo los analgésicos, y se negó a que la operaran. Se esforzó por escuchar las necesidades de su cuerpo y satisfacerlas.

Dos años después de la lesión, cuando Julie dormía en su cama, escuchó que alguien entró a la habitación. Como vivía sola, intentó despertarse y ver quién era. Vio a una mujer con cabello rizado marrón oscuro y ojos marrón. Traía puesto un vestido que resplandecía con luz blanca dorada, y también tenía una aureola de luz en la cabeza.

La mujer se hincó junto a Julie y con cuidado le quitó las cobijas. Entonces le colocó las palmas de ambas manos en la espalda, justo en donde estaba la lesión. Unos momentos después, la mujer volvió a taparla y desapareció.

Julie dice: "Supe que me había visitado un ángel, y no fue un sueño. Creo que el encuentro fue la señal de que mis oraciones fueron escuchadas y respondidas. Hoy, aunque mi espalda aún tiene ciertas limitaciones, estoy mucho más fuerte, y eso se lo agradezco a todos mis ángeles".

Julie jamás se imaginó que la visitaría un ángel físico, así que tuvo la sabiduría suficiente para orar y permitir que el Universo decidiera cómo sería la sanación. También tuvo la inteligencia suficiente de seguir el consejo Divino y escuchar a su cuerpo. Igual que Julie, el hombre de la siguiente historia confió en su guía interior, que recibió cuando oró por su salud.

La oración y la luz aliviaron al instante el cáncer de hígado que Salvador van Drimmelen, de Holanda, padeció en 1970. Él y su esposa vivían en Suráfrica cuando se enfermó gravemente e ingresó en el Hospital Johannesburgo. Después de extensivos exámenes, a Salvador le diagnosticaron cáncer de hígado y el médico que lo atendió sugirió que se operara de inmediato.

Muy a pesar del doctor, Salvador decidió posponer la cirugía para pedir el consejo de Dios, Jesús y María sobre cómo proceder. Viajó a los bosques montañosos, donde había la tranquilidad suficiente para que escuchara con claridad el consejo Divino. Salvador oró con fuerza en el bosque. Su corazón se abrió y las lágrimas le fluyeron durante los días que rezó y meditó. Un día, hincado junto a una cama de ramas de pino y rezando el Padre Nuestro y a la Madre María, Salvador vio que el sol se transformó en una esfera de intensa luz blanca.
Dice: "Parecía miles de soles, era muy brillante. En esta cegadora luz celestial, apareció la Madre Divina con toda su gloria. En ese momento sagrado, mi corazón se llenó con la alegría eterna de mi alma". Salvador escuchó que María le aseguraba que se salvaría.
Después, la imagen de María se desvaneció poco a poco. Mientras Salvador seguía hincado, un silencio sagrado impregnó los alrededores. No se movió, con la intención de alargar ese momento celestial todo lo posible.
Salvador dijo: "De repente, me di cuenta que ya no tenía el dolor constante. Sentí que la energía recorría mi cuerpo otra vez. Lleno de alegría y totalmente sanado, regresé a casa, alabando a Dios".
Salvador expresó su visión de María y su gratitud hacia ella, dedicándose al arte del bordado, que he tenido el privilegio de ver. Sus bellos diseños llenos de color son impresionantes, y una prueba verdadera del milagro que vivió.

La luz que Salvador vio fue resultado directo de sus oraciones y su voluntad de seguir el consejo de sentarse a meditar en silencio. Esto no siempre es fácil, pues los problemas de salud provocan tanto miedo, que por un tiempo no podemos escuchar la voz del Divino. La siguiente historia es una muestra de cómo el miedo a escuchar produce el resultado físico de no poder oír.

> Parecía que Mikaela Bachas, de cuatro años, tenía problemas para escuchar, así que su madre, Stephanie, la llevó para que la examinaran. El doctor descubrió que Mikaela sufría de "otitis media", mejor conocida como "oído de goma". La enfermedad requería la inserción quirúrgica de una pequeña arandela para drenar el líquido atrapado. Operaron a Mikaela, pero tres meses después otra vez escuchaba poco. Un nuevo examen reveló que había expulsado la arandela, así que el médico dijo que tendría que volver a hacerle cirugía para meter tubos nuevos.
>
> A Stephanie le preocupaba someter a otra operación a su hija. Acababa de leer mi libro *Healing with the Angels*, y su madre había leído *Tú puedes sanar tu vida*, de Louise L. Hay (publicado en español por Editorial Diana). Las mujeres decidieron aplicar lo que aprendieron en los libros y buscar una alternativa espiritual para la cirugía. Juntas llegaron a la conclusión de que Mikaela estaba oyendo cosas que no quería. Cuando Stephanie le preguntó, la niña respondió que escuchaba voces que le daban miedo. Muchos niños sensibles reportan que escuchan voces, según mi investigación.
>
> Stephanie y su madre hicieron una lista de afirmaciones curativas y oraciones. Stephanie le explicó a Mikaela que, si quería, ella podía aliviar sus oídos con ayuda de los ángeles. Entonces, las tres recitaron oraciones y afirmaciones que hablaban de oír con amor, y de seguridad y protección.

Mikaela le rezó al arcángel Rafael para que sanara sus oídos, y también le pidió al arcángel Miguel que alejara las voces cuando durmiera. A la mañana siguiente, la niña anunció emocionada que las oraciones habían funcionado. El arcángel Miguel había alejado las voces toda la noche.

Con fe, todas las mañanas y las noches decía sus oraciones y afirmaciones. Una semana después, Stephanie se dio cuenta que el volumen del televisor estaba bajo y otros indicativos de que el oído de Mikaela había mejorado. Un examen subsiguiente indicó que la audición de la niña había mejorado en 20%. Sin que Stephanie le dijera, el médico sugirió posponer durante seis semanas la segunda operación.

Stephanie recuerda: "Mikaela estaba igual de emocionada que yo con la noticia. La felicité por su logro, y agradecimos a los ángeles por su trabajo y por aconsejar al doctor para que pospusiera la cirugía. Seguimos rezando a Dios y a los ángeles, seis semanas después el oído de Mikaela estaba al 100%. Esta experiencia confirmó mi fe en el trabajo de los ángeles. Espero que la gente se sienta inspirada a creer en Dios y en los ángeles, y eduque a sus hijos al respecto, así como a tratar sus problemas de salud a un nivel más profundo".

SIGUIENDO EL CONSEJO DIVINO

Las historias anteriores ilustran un punto importante; no siempre basta con sólo rezar y esperar resultados. Recibimos instrucciones internas, en forma de pensamientos repetitivos, sentimientos, palabras interiores o visiones, como resultado de orar. Cuando seguimos el consejo Divino, literalmente co-creamos con el Cielo la respuesta a nuestras oraciones. Mucha gente que me ha consultado erróneamente creía que sus oraciones habían sido ignoradas, cuando en realidad ellos habían hecho caso omiso de las instrucciones Divinas que el Cielo les envió como respuesta a sus oraciones.

La siguiente historia demuestra cómo la voluntad de una mujer para escuchar a su guía interno resultó ser el salvavidas de su hermana.

> A principios de 1993, Jen Wesolowski, tuvo visones de que algo horrible iba a pasar, y se asustó tanto, que bloqueó la comunicación completa. El 12 de febrero, a Sandie, su hermana, la atropelló un auto que iba a toda velocidad cuando cruzaba la calle. Sandie voló en el aire y cayó en el parabrisas golpeándolo primero con la cabeza. Los médicos dijeron que tenía dañado el tallo del cerebro y no le daban esperanzas de que se recuperara ni que sobreviviera. El capellán del hospital sugirió que se hicieran los arreglos para el funeral.
>
> El 14 de febrero, día de San Valentín, la presión arterial de Sandie era tan baja, que el personal del hospital preguntó si la familia quería donar sus órganos, o que se hiciera el proceso de resucitación. Como Sandie era madre de tres niños, había que pensar muy bien la decisión.
>
> Momentos después, cuando estaba rezando, Jen tuvo la visión de una cama de hospital iluminada en un cuarto oscuro. Oyó que una voz suave decía: "Todo va a salir bien". Jen también escuchó que la voz mencionó el mes de mayo. El mensaje de los ángeles para ella fue que su hermana se recuperaría. Ese mismo día, Jen pidió al sacerdote del hospital que encabezara una oración de sanación al pie de la cama de Sandie con toda la familia. Jen dice: "En el instante en que nos reunimos y nos tomamos

de las manos, el rostro de mi hermana comenzó a tener vida. El sacerdote le tocó la frente y le dijo: 'Sandie, soy el padre Frank, tu familia y amigos están aquí, sé que me escuchas'".

¡Sandie levantó las cejas y comenzó la sanación! Aunque no había huesos rotos, sí tenía una lesión grave. No obstante, con el tiempo Sandie volvió a aprender a caminar. Aunque perdió los sentidos del olfato y el gusto, está totalmente recuperada, el resto de sus capacidades y memoria están intactas.

Jen da gracias por haber escuchado a los ángeles y tenido fe en la recuperación de su hermana. Dice: "Desde ese día, escucho a mis ángeles y aunque no los oigo con claridad, ya no ignoro sus mensajes".

Igual que el ejemplo de Jen, la siguiente historia de Leisa Machado demuestra los resultados milagrosos que pueden ocurrir cuando alguien reza y sigue los consejos que recibe.

Conocí a Leisa en un taller que di en la ciudad costera de Santa Cruz, en el norte de California. Cuando a través de la clarividencia vi su interior, me dio miedo (sin exagerar) lo limpia que esta mujer estaba por dentro. Todos sus órganos se veían tan esterilizados como una sala de operaciones. Sus chakras eran prístinos y sin duda alguna resplandecía por dentro. ¡Nunca antes ni después he visto un cuerpo interior tan limpio!

Leisa me dijo que sólo comía alimentos orgánicos, evitaba los químicos y bebía agua destilada, pues sentía que las otras contenían organismos muy dañinos. Me explicó que ella y su esposo querían tener un bebé y creía que la mejor manera era preparar su cuerpo lo mejor posible. Sin embargo, tenía problemas para concebir.

Había tenido tres embarazos ectópicos, un aborto y un intento fallido de fertilización *in vitro*. Luego de seis años de intentar concebir, Leisa se preocupó porque estaba volviéndose mayor y no tenía hijos. Fue entonces cuando decidió recurrir a una solución holística para embarazarse. Inició el camino hacia la espiritualidad que incluye oraciones, ingesta de alimentos orgánicos y pensamientos positivos. Poco después de empezar este proceso asistió a mi curso. Vi que físicamente Leisa concebiría con éxito y daría a luz; sin embargo, sucedería dos años después. No le agradó esta noticia, quería un hijo ya. Así que le pedí un mensaje a los ángeles y me respondieron que quizá con la ayuda de los arcángeles Miguel y Gabriel, Leisa podría embarazarse antes. Miguel ayuda a limpiar el cuerpo de energía de los efectos del miedo, que potencialmente retrasan las metas, incluyendo la concepción de un niño. Y Gabriel ha asistido a madres embarazadas desde antes de las anunciaciones bíblicas a Elizabeth y a María.

Leisa recuerda qué hizo después del taller: "Empecé a meditar y a orar por la situación y sentí que me aconsejaron que llamara a los arcángeles Miguel, Gabriel y Rafael. Doreen había mencionado que Gabriel asistía en los embarazos. Miguel siempre me acompañó en el pasado e invoqué a Rafael, el ángel sanador, para que me ayudara a prepararme físicamente para la concepción y el embarazo.

"Meditaba dos veces al día, visualizaba a cada ángel haciendo su trabajo en mi cuerpo y espíritu, preparándome para concebir. En una de esas meditaciones, mis ángeles me dijeron que mi hijo podría llegar antes de lo planeado por la Divinidad si seguía capacitándome como terapeuta infantil. Mi ángel de la guarda me exhortó a que entregara mis temores a Dios; elevé los puños cerrados a los ángeles y les dije: 'Ya no puedo más, llévenselos'. Finalmente, sucedió el milagro. Aunque los segundos intentos de fertilización in vitro sólo tienen el 20% de probabilidades de éxito, me funcionó. ¡Quedé embarazada con un embrión sano! Sólo podía agradecerles a mis ángeles, a los de la guarda y a los arcángeles, y reconocer que no hubiera sucedido si hubiera olvidado pedir continuamente su apoyo.

"Gracias a Dios, aprendí la lección porque necesitaría ayuda angelical durante gran parte del embarazo. Empecé a sangrar las primeras semanas. El médico me puso en reposo y yo a tres ángeles a trabajar, invocándolos constantemente. Podía (y aún puedo) sentirlos cerca de cierta parte de mi cuerpo, tranquilizándome.

"Unas semanas después me permitieron levantarme. El segundo trimestre estuvo bien, pero en la semana 31, empecé con contracciones. En el hospital, sentí una increíble emanación de amor y sanación. Los ángeles me dijeron que este bebé era un espíritu puro y que necesitaba que me conservara lo más pura posible para honrar su llegada a este mundo. Una vez más me recordaron que me entregara y lo 'soltara'. La palabra era poco común y muy aterradora. Me dio mucho miedo que eso significara que lo perdería. Volví a aprender que eso quería decir que yo tenía que dejarlo ser. A la semana 34 tuve a Jaren, un bebé sano y fuerte, cuyo nombre significa en hebreo 'protesta de alegría'. Nació prematuro, pero respirando solo y muy vivaracho".

> Pero Jaren aún no estaba fuera de peligro. Ocho horas después de que nació, empeoró; dejó de respirar y entró en coma. Los médicos no sabían qué tenía. En su pena y pánico, Leisa se dirigió a sus ángeles. Pensó: ¡Esto no puede estar pasando! ¡Me guiaron en cada paso, no puedo perderlo ahora! Cuando estaba llorando en la cama del hospital, Leisa sintió una suave presencia que la calmó con calor y amor. Ella y su esposo invitaron a la gente para que rezara con ellos. Llamaron a sus amigos, que a su vez le hablaron y mandaron correos electrónicos a otros amigos. Al poco tiempo, sintieron que numerosas oraciones, abundante energía Reiki y asistencia angelical, llegaban en su auxilio.
>
> Leisa dice: "Vi a Jaren rodeado de capas y capas de ángeles. A veces veía su espíritu flotando entre ellos, pero los pies siempre quedaban pegados al cuerpo. Dos días después, los médicos se sorprendieron con su milagrosa recuperación. Y una semana y media más tarde, mi esposo y yo llevamos a nuestro pequeño milagro a casa, donde está su lugar".

La historia de Leisa nos recuerda la importancia de hablar siempre con nuestros ángeles y seguir el consejo Divino que nos dan. Una parte importante del camino de Leisa fue su disposición a entregar y a soltar, lo que no siempre le resultó sencillo. Con frecuencia, Leisa tenía que pedirle ayuda a los ángeles para entregar, pues la meta del embarazo estaba muy adherida a su corazón.

En su historia también se ilustra el principio de entrega. Aunque Leisa tenía el deseo claro de ser madre, también estaba dispuesta a tener la fe necesaria para entregar su deseo y confiar totalmente en el orden Divino.

La siguiente historia es extraordinaria porque los ángeles de la mujer le dieron consejo contrario al mensaje que estaba recibiendo de los médicos. Demostró mucho valor al seguir la guía de los ángeles y los resultados le salvaron la vida.

> Lucretia, mi primera maestra de desarrollo psíquico en la Fundación Aprendiendo Luz, en Anaheim (escribí sobre ella en mi libro *The Lightworker's Way*), recibió información de los ángeles que le salvaría la vida.
>
> Lucretia medita con frecuencia y recurre a las cartas del oráculo de ángeles para estar en contacto con ellos. En mayo de 2002, escuchó con claridad que los ángeles le repetían una y otra vez que le quitaran dos lunares, uno en el brazo izquierdo y otro en el lado derecho del pecho.
>
> Luego de que el médico le retirara ambos lunares, le comentó que le preocupaba el del brazo izquierdo. Lucretia escuchó que los ángeles decían algo sobre una confusión, pero en ese momento no entendió el mensaje.
>
> Una semana después, el médico general llamó a Lucretia para decirle que tenía un melanoma en el pecho que requería cirugía inmediata. Sus ángeles le aseguraron que todo saldría bien.
>
> Lucretia se dio cuenta que el cirujano parecía querubín. La operación salió bien y una semana después el médico le informó que ya no tenía melanoma en el pecho. Cuando iba de regreso a casa, eufórica por las buenas nuevas, Lucretia escuchó que los ángeles le dijeron tres veces: "El melanoma está en el brazo izquierdo, se confundieron".
>
> La siguiente ocasión que fue al consultorio del cirujano, Lucretia le pidió que analizara el lunar del brazo izquierdo para ver si había melanoma. Cuando los resultados se tardaron en regresar más de lo esperado, los ángeles le dijeron a Lucretia

que se debía a la confusión. El patólogo no encontraba similitudes entre la primera muestra de tejido y la segunda. Fue entonces cuando Lucretia reunió el valor de decirle al cirujano que sus ángeles le indicaron la confusión del tejido. De manera sorprendente, éste estuvo receptivo al mensaje de los ángeles de Lucretia, y reconoció que algunas personas tienen la capacidad para recibir información del más allá.

Cuando le dijeron a los patólogos sobre la confusión, pudieron terminar el informe. Que decía que Lucretia tenía un melanoma en el brazo izquierdo. ¡Los ángeles tenían razón! Entonces, le hicieron una tercera cirugía y le quitaron todo con éxito. Desde entonces, Lucretia no ha tenido ningún problema.

ORACIONES RESPONDIDAS

¿Por qué algunas oraciones son respondidas y parece que otras no? Las razones rebasan la comprensión humana, pero podrían tener que ver con las siguientes situaciones:

- Orar por la vida de alguien cuando su alma ya decidió marcharse.
- No escuchar, confiar en, o seguir los consejos Divinos que surgen como respuesta a la oración.
- Sabotear las oraciones cuando son respondidas por temor a lo paranormal o por creer que no mereces la atención del Cielo.
- No darse cuenta cuando una oración es respondida, pues la respuesta llega de una manera que no esperabas.
- Creer que sólo las oraciones de gente "especial", "pura" o "elegida" son respondidas.

Aunque parece que no todas las oraciones son respondidas, los estudios científicos y los casos empíricos demuestran que la oración es un método de sanación eficaz y confiable. Es muy posible que más gente de la que sepamos haya recibido respuesta a sus oraciones.

He conocido personas a las que les da miedo pedir ayuda al Cielo con mucha frecuencia, o molestarlo con peticiones triviales. Esto significa que proyectan nuestra creencia humana en las limitaciones al Cielo, cuando éste no las conoce. Los ángeles quieren ayudarnos a crear paz en la Tierra asistiéndonos en lo que puedan. No pedimos auxilio con frecuencia y ciertamente tampoco molestamos a los ángeles cuando pedimos su intervención. En contraste, es un honor sagrado y placer sincero para ellos dibujarnos una sonrisa en el rostro y darle paz a nuestro corazón.

Algunos individuos están molestos con el Creador porque no respondió sus oraciones anteriores; y temerosos de llevarse otra desilusión, dejan de rezar. Incluso bajo condiciones nefastas deben regresar a la oración... con diferentes resultados, como lo demuestra la siguiente historia.

> El hijo de 18 meses de Rina Waaka estaba en la unidad de terapia intensiva por problemas respiratorios. Su hijo por poco muere en dos ocasiones y Rina estaba frenética. Pensó en rezar, pero estaba enojada con Dios. Su padre había muerto dos años antes, a pesar de sus fervientes oraciones, así que Rina juró no volver a rezar jamás.
>
> Eso cambió cuando Rina se sintió impotente para sanar a su hijo. Entró a un cuartito en el hospital, cerró la puerta y se hincó para rogarle a Dios que salvara al niño.
>
> Dos días después, una mujer de mediana edad que Rina no conocía se acercó a ella en el hospital y le

preguntó por la salud de su hijo. Rina la ignoró y salió a fumar un cigarrillo.

Cuando Rina regresó al hospital, la misma mujer la detuvo. Le dijo que no tenía de qué preocuparse porque acababa de visitar a su hijo y el Espíritu Santo estaba cuidándolo. Rina se enfureció y fue a la estación de enfermeras para averiguar por qué le habían dado permiso a una desconocida de ver a su hijo. Las enfermeras le dijeron que nadie había estado en el piso ni en la habitación del pequeño, más que ellas y Rina.

Cuando fue a ver a su hijo, el cuarto se sentía diferente y percibió una presencia junto a él. Dos días después de la visita del ángel, el niño fue dado de alta del hospital. ¡Los médicos no entendían cómo había sanado tan rápido! Esperaban que su recuperación durara mucho más tiempo.

La disposición de Rina para darle otra oportunidad a la oración resultó milagrosa, y renovó su fe. Las siguientes historias también son inspiradoras y resultan útiles recordatorios de que las oraciones hacen milagros.

Cindy Fundan pidió, y recibió, intervención Divina durante el nacimiento de su hijo. Con 32 semanas de embarazo y gravemente enferma, fue llevada en ambulancia a un hospital de Sioux Falls, en Dakota del Sur. El doctor que la ingresó de inmediato diagnosticó que el niño nonato corría grave peligro. Sólo una arteria estaba abasteciendo de sangre al bebé, lo que restringió mucho su crecimiento y enfermó a Cindy de gravedad. Los médicos la llevaron a la sala de urgencias.

En la mesa de operaciones, Cindy rezó a Dios para que la salvara a ella y al niño. Pidió que los ángeles la cuidaran a ella, al bebé y a los médicos y enfermeras que participaban en el procedimiento. Se dio cuenta de la gravedad de la situación y de repente comprendió por qué, la noche anterior, le pidió a su hermana que se encargara de asuntos importantes... por si pasaba algo. ¿Era esto? Cindy se angustió. Dijo algunas oraciones y después con alegría escuchó que había música cristiana en todo el sistema de audio del hospital, lo que reflejaba su fe religiosa personal.

Momentos después, el hijo de Cindy, Joseph Michael, lloró a todo lo que daban sus pulmones con un peso de sólo 1.5 kilogramos (2 libras 14 onzas). De inmediato lo llevaron a la unidad pediátrica de terapia intensiva, mientras el médico suturaba la incisión de Cindy.

Más tarde esa noche, en la cama del hospital, Cindy dormía y despertaba. Estaba muy mal, con mucho dolor y el embarazo le provocó complicaciones. A pesar de todo, Cindy oró. Escuchó voces bajas y suaves en la habitación; abrió los ojos y vio pequeñas esferas centelleantes de luz y a una mujer mayor de cabello rojo, lentes y blusa floreada, que le dijo a Cindy: "Todo saldrá bien, cariño. Todo saldrá bien".

Cindy estaba confundida, pues su habitación era privada, la puerta estaba cerrada y las luces apagadas. Aun a pesar de los sucesos paranormales, se sintió bien y en paz como para quedarse dormida. Al día siguiente, preguntó si el capellán u otras personas la habían visitado, pero le dijeron que nadie había estado en el cuarto.

Cindy dice: "Nuestro bebé, Joseph, venció todos los obstáculos. Sólo necesitó oxígeno una cuantas horas después de nacido. Respiró perfecto él solo y no presentó complicaciones, aunque pasó un mes en la incubadora. ¡Hoy está sano y normal! Yo también me recuperé de maravilla. Gracias, Dios".

ORACIONES POR MASCOTAS

Como ya se mencionó antes, los niños y los animales no están a la defensiva en cuanto a sanaciones se trata, así que las oraciones en su beneficio son en especial eficaces.

> Cody es un perro australiano de 13 años que pertenece a Sylvia Allen y a su familia. Un día de noviembre de 2002, Cody desapareció. Como la casa de Sylvia está en un campo de 100 hectáreas lleno de pumas, coyotes y osos, la familia se preocupó por la seguridad del perro. Los Allen lo buscaron durante horas, sin encontrar señales del animal.
>
> Pasaron ocho días y Sylvia estaba angustiada. Entonces se acordó que la semana anterior había comprado mi libro *Healing with the Angels*. Lo abrió en la sección que habla de cómo pedirle a los ángeles que recuperen y protejan mascotas perdidas. Dijo la oración sugerida, guardó el libro y no volvió a acordarse.
>
> La noche siguiente, los Allen llegaron a cenar y luego entraron a la casa para dormir. Una hora más tarde, el esposo de Sylvia vio un objeto oscuro en el campo de enfrente que no estaba allí cuando llegaron. Salió y descubrió que se trataba de Cody, mal herido y tan débil que apenas si podía ponerse en pie.
>
> Cody peleó con un coyote y estaba a punto de morir a causa de las heridas. Sylvia dice: "No había manera de que Cody caminara hasta donde lo encontramos, en el borde de la enorme área de campo rodeada de laderas empinadas. No estaba allí cuando llegamos a casa en la tarde. De inmediato supe que sus ángeles nos lo habían llevado, y lo dejaron cerca de nuestra puerta principal".

Las heridas de Cody estaban gangrenadas e infectadas, y tenía ocho días sin comida ni agua. Sylvia cuenta: "En una semana, sanaron las heridas de Cody y parecía que no le había pasado nada. Fue un verdadero milagro que los ángeles nos lo devolvieran y aliviaran sus heridas". Como resultado de este encuentro con los milagros, Sylvia y su familia ahora le piden ayuda a los ángeles todos los días.

CIRUJANO ANGELICAL

La siguiente historia muestra el sentido del humor del Cielo, y también revela cómo una mujer muy espiritual pudo hacer que su fe en los ángeles ayudara a su padre y a su cliente.

Nicole Pigeault es una angeloteraputa que trabaja muy de cerca con el arcángel Rafael en sus sanaciones. Cuando a su padre lo programaron para ponerle un marcapasos en el corazón, Nicole rezó a Rafael para que por favor se encargara de todos los aspectos de la sanación de su padre. Después de la cirugía, su madre la llamó y le dijo que todo había salido muy bien y que su papá había tenido al mejor médico... que se llamaba Dr. Rafael. Nicole dijo: "Los ángeles nunca dejan de sorprenderme con sus toques adicionales de amor y humor".

Meses más tarde, Nicole estaba dando una sesión de angeloterapia. Su cliente, Susan, estaba preocupada porque le habían programado otra operación de colon. Ya se había sometido a dos cirugías previas, con periodos de recuperación largos y problemáticos.

Nicole le dijo: "Esta vez le pediremos al arcángel Rafael que haga la operación". Como Susan parecía confundida, Nicole le explicó que invocarían a Rafael para que trabajara con el cirujano.

Nicole y Susan trabajaron juntas durante las dos semanas anteriores a la intervención. El día de la operación, pidieron a Rafael y a sus ángeles sanadores que por favor asistieran a Susan y al cirujano en cada paso del procedimiento; también le pidieron a Rafael que trabajara a través del médico.

Al día siguiente, Susan llamó a Nicole con buenas noticias. Dijo: "Todo lo que recuerdo es que me llevaron a la sala de operaciones y que después desperté pensando que ya era hora de entrar a la cirugía".

La enfermera le dijo a Susan: "No, la operación ya terminó. Es más, el cirujano esperaba que durara cinco horas, pero la hizo en menos de cuatro. El médico estaba impresionado, pero durante la cirugía se le ocurrió operar de otra manera y así se ahorró una hora y media".

Susan se recuperó tan rápido de la operación, que sorprendió a su familia y amigos. Sin duda alguna sabía que se lo debía a Rafael.

VISIONES DE ÁNGELES

La gente que reza con fervor y con intenciones muy claras, con frecuencia recibe la visita de ángeles que les aseguran que sus oraciones se escucharon y están siendo respondidas.

L. Dardano se asustó cuando su madre la llamó para decirle que se sometería a unos estudios médicos para detectarle un posible cáncer de mama. L. oró con fervor a Dios, a María y a los ángeles para que intercedieran por su madre.

Esa noche, L. se despertó y descubrió la presencia de alguien en su habitación. Vio la silueta de una mujer que vestía falda y una blusa blanca de gasa, y tenía el cabello claro recogido, dejándole el rostro descubierto. La mujer se paró y vio fijamente a L., en la mano tenía una flor amarilla, blanca y dorada con cuatro pétalos; la giraba como si se tratara de un molinillo, mientras L. se volvió para ver si su esposo, que dormía, notó a la visita.
Al día siguiente, L. llamó a su madre y le contó sobre el encuentro con el ángel: "No me queda duda que vas a estar bien y que los exámenes médicos resultarán negativos". Y así fue.
Días después, L. estaba hojeando un calendario con imágenes de ángeles y le impresionó la fotografía del arcángel Gabriel con María. En ella, Gabriel traía la misma flor que L. le había visto a su visita.
L. dice: "Supe que la persona que estuvo esa noche en mi recámara fue el arcángel Gabriel. Sé que sucedió. ¡Fue muy real!"

La presencia del ángel tranquilizó a L., y también generó energía curativa que ayudó a la salud de su madre.

La siguiente historia es otro ejemplo de que las oraciones fervientes de una persona dieron como resultado la visita de un ángel.

Cuando el esposo de Bronwyn Trillo la dejó con sus dos hijos, estaba devastada y pensó que era el fin de su mundo. Se quedó sin empleo y sintió que no podía seguir adelante. Dos semanas después, presentó una seria crisis emocional y se enfermó a tal grado, que no podía levantarse de la cama ni comer. Finalmente, la hospitalizaron y cuando la dieron de alta le recetaron sedantes.

Rezaba constantemente. (Con humor, Bronwyn decide que estaba tan discapacitada que lo único que podía hacer era rezar). Se aferró a la fe y se recuperaría.

Una noche, algo despertó a Bronwyn, Volteó hacia su izquierda y vio a un hermoso ángel resplandeciente de largas alas. El brillo evitaba que Bronwyn viera el rostro del ángel, aunque distinguió que tenía la cabeza inclinada y estaba mirándola.

Dice: "El ángel estaba sereno y lleno de paz. Fue la mejor experiencia que haya tenido. Me quedé acostada viéndolo unos minutos hasta que desapareció".

La experiencia alivió a Bronwyn y recuperó su fuerza. Se siente renovada y sigue viendo fuertes destellos de luz que le indican que los ángeles aún están con ella. Desde el día que vio al ángel, Bronwyn dice: "No ha pasado un solo día sin que me comunique con mis ángeles y agradezca las bendiciones que han dado a mi vida. Estoy muy contenta y en paz, sé que siempre me guían".

EL PODER DE LOS NÚMEROS

Varios estudios científicos sugieren que entre más personas rezan por una situación, mejores son los resultados. Con respecto a la oración, los números tienen poder real. Cuando algo necesita alivio, es una buena idea pedir a amigos y sacerdotes que oren con nosotros, como lo ilustra la siguiente historia.

Jennifer Fountain, de Nueva Zelanda, cuenta que su hermana se embarazó cuando cumplió 39 años. Ella y su nuevo esposo estaban emocionados, hasta que el ultrasonido reveló que el bebé tenía una enfermedad grave y poco común que se llama teratoma sacrococcígeo. Este mal se presenta en uno de 40,000 niños y da como resultado muerte prenatal o a temprana edad.

La palabra teratoma significa "monstruo" en latín, y describe el tamaño y ferocidad del tumor, que consume la vejiga, el intestino, los órganos reproductores y también crece fuera del cuerpo, a veces en la columna vertebral. En algunos bebés, el tumor es del mismo tamaño que ellos.

Como su hermana vivía en Florida, lo único que Jennifer podía ofrecerle eran oraciones y afirmaciones. Le pidió a todos sus conocidos que también rezaran y rodearan a su hermana y al bebe de ángeles sanadores.

Jennifer recuerda lo que pasó después: "Mi hermana pasó el periodo más peligroso del embarazo, pero el tumor seguía creciendo con agresividad. Los médicos programaron el parto y la operación inmediata para extraer el mortífero tumor. Una vez más, pedí a todos mis conocidos que mandaran oraciones y ángeles sanadores a mi hermana, su esposo, el bebé, los doctores y las enfermeras.

Hablé con ella justo después de que nació el bebé y antes de la cirugía de extracción del tumor. Estaba hecha un mar de lágrimas porque los médicos le advirtieron en dos ocasiones que era muy posible que el bebé muriera, pues la intervención era expansiva, complicada y peligrosa. Le dije que mis amigos estaban enviándole millones de ángeles sanadores para la operación.

Dijo que le daba gusto recibir la ayuda de los ángeles, pero que su esposo no creía en eso y que no le diría que los habíamos mandado. Sin embargo, cuando fue a la tienda de regalos del hospital, se sintió absolutamente obligado a comprar un pequeño ángel afelpado. Se lo dio a mi hermana en estado de perplejidad, sin comprender por qué

> lo había comprado. Pero ella dijo que sabía bien que lo atrapó un ángel de los que habíamos mandado todos los que estábamos rezando por el bebé en Nueva Zelanda y Australia.

Los cirujanos hicieron en el bebé un trabajo milagroso (según ellos mismos aceptaron), aunque reportaron que fue el tumor más grande que jamás habían extirpado. Esperaban que la niña estuviera hospitalizada tres semanas para recuperarse de la cirugía masiva. Tres días después, estaba en casa con su madre y su ángel afelpado a su lado.

Ahora, a los dos meses, los médicos dicen que no esperan volver a ver a la bebé de mi hermana. El peligro desapareció. Esta Niña de Cristal tiene a su lado un ángel manifestado en forma de muñeco afelpado".

CONSEJOS PARA EL CUIDADO DE LA SALUD

A veces nuestras oraciones son respondidas cuando los ángeles nos dan el consejo que nos manda con el médico adecuado. Algunas personas se preguntaran por qué el Cielo nos manda a un "intermediario" en lugar de intervenir directamente en la sanación, pero ¿Dios no creó a los doctores?

Muchos especialistas médicos son individuos demasiado intuitivos que sin duda escuchan los consejos Divinos para cuidar a sus pacientes. La siguiente historia demuestra la disposición de un doctor para escuchar que su guía interno era la respuesta a las oraciones de su paciente para que le salvara el brazo de una posible amputación.

> Mandi Gabler y sus amigas estaban patinando en una colonia de Londres. Las muchachas querían patinar una vez más antes de irse a casa. El instinto de Mandi le dijo que no fuera, pero no hizo caso.

Se cayó sobre su brazo derecho y se destrozó por completo el codo. Un médico español que estaba de vacaciones vio el accidente y la asistió antes de que llegara la ambulancia. El doctor del hospital le dijo a Mandi que tenía el brazo tan lastimado, que podría perderlo. Aterrada por la amputación, le pidió a sus amigos que se unieran a ella en oración para salvarle el brazo.

Mandi estaba llena de fe y sé sentía tranquila sabiendo que estaba en las manos de los ángeles y que Dios estaba al frente. El médico quiso esperar dos días para planear la operación. Aunque amigos y familiares pensaron que la demora no era sana, Mandi quería que el doctor se tomara su tiempo para decidir cuál era la mejor manera de operarle el brazo. Aún se sentía en paz y sabía que todo iba a salir bien.

Después de la intervención, el doctor afirmó que lo guiaron durante todo el procedimiento, y que él también sabía que el brazo de Mandi se salvaría. Ella dice: "Estaba feliz y completamente agradecida con mis ángeles por la ayuda que le brindaron al médico y a mí. ¡Uso mi brazo en 95% y hasta puedo jugar golf! No me queda ninguna duda de que los ángeles estaban cuidándome. Sanándome y asistiendo al doctor".

La lesión también llevó a Mandi a un camino espiritual más profundo. Se dio cuenta que en el pasado estuvo mucho tiempo sin escuchar su intuición. Se convirtió en angeloterapeuta que hace casos a sus ángeles y ayuda a los demás para que hagan lo mismo.

La siguiente historia es el ejemplo perfecto de una persona que rezó pidiendo ayuda para encontrar al médico adecuado que aliviara su problema de salud.

Cuando a Ariel Wolfe le diagnosticaron cáncer de mama, sabía que elegir al doctor adecuado era de vital importancia, así que decidió entrevistar médicos, y en una sesión de meditación y oración, imploró a sus ángeles de la guarda que la condujeran con el doctor adecuado.

Por instinto, escogió a un médico de una lista de especialistas. Antes de visitarla, Ariel le pidió a sus ángeles que le dieran una señal clara de que había elegido a la correcta. Cuando Ariel y Liz, su hija, entraron al consultorio, descubrió gran cantidad de artefactos indio americanos. Como tenía una fuerte conexión con la espiritualidad indio americana, pensó: Muy bien, hasta ahora todo bien... pero aún no es suficiente.

Cuando Ariel conoció a la doctora, le dio gusto darse cuenta que era cálida, cándida, con gran capacidad y respondió todas sus preguntas. Pero seguía esperando la señal clara.

La doctora mencionó que había estudiado para ser pianista clásica, pero cuando descubrió que le costaba trabajo tocar frente al público, mejor se dedicó a la medicina. Esto impresionó a Ariel, quien había sido pianista clásica gran parte de sus años de adolescente y adulto. Pensó: Muy bien, estamos acercándonos, pero todavía no es una señal segura.

Sentada en el consultorio luego de la exploración, Liz mencionó que Ariel y la cirugía estarían rodeadas de ángeles sanadores. La doctora levantó la vista y dijo: "¿Sabes? Mi santo patrono es el arcángel Miguel".

Ariel pensó: Bueno, no tengo que darme contra la pared para saber que estoy en el lugar adecuado.

Durante la biopsia, Ariel pidió a todos sus ángeles y arcángeles que estuvieran presentes en el procedimiento, y la doctora le explicó la molestia que podría sentir. Cuando Ariel volteó a ver a la doctora, se dio cuenta que los arcángeles Miguel y Rafael estaban guiando sus manos. Dice que nada sintió, pues la acompañaban y protegían los poderosos ángeles. Su recuento globular está normal y Ariel se siente de maravilla.

NO PIERDAS LA FE

Sin duda, la fe en la eficacia de la oración es la mejor ayuda cuando le pedimos a Dios, a los ángeles y a los arcángeles que nos asistan. Con fe, es más posible que nos mantengamos firmes en nuestras convicciones y confiemos en la guía Divina. La siguiente historia demuestra cómo una pareja se aferró a su decisión de seguir con el embarazo cuando los médicos les aconsejaron que no.

Cuando los doctores le dijeron a María Pérez que su bebé nonato padecía una enfermedad mortal, ella y su esposo se aterraron. Los médicos les explicaron que el feto tenía una encefalocelia occipital (también conocida como el Síndrome de Knobloch) en la nuca, y que el tejido cerebral salía por el hueco del cráneo. El diagnóstico era grave, la bebé podía morir al nacer o vivir como vegetal (palabras exactas del doctor) e internarla de por vida.

Mujer de gran fe, María rezó para recibir una señal cuando estaba sentada en su patio. Levantó la vista y vio que un bello rostro le sonreía en las nubes. María supo que ésa era la confirmación positiva que Dios y los ángeles le enviaban de que su bebé estaría bien.

Contrario a las recomendaciones médicas, María y su esposo decidieron seguir adelante con el embarazo. Todas las noches María rezaba a Dios y le pedía ayuda, guía, fuerza y fe a los ángeles. Una noche, vio un capítulo de la serie de televisión "El toque de un ángel". En ese episodio, Mónica (el ángel interpretado por Roma Downey) pidió la ayuda de más ángeles para asistir a una drogadicta. Ellos se colocaron en círculo alrededor de la mujer y Mónica, y cantaron canciones angelicales para sanar y apoyar la situación. Esa noche, María pidió a los ángeles que le cantaran como señal de que su hija se aliviaría.

El día que María dio a luz, los médicos y enfermeras se colocaron alrededor de la cama esperando lo peor. Pero la pequeña Ángela Pérez les demostró que los milagros existen. ¡La niña nació fuerte y sana!

Aunque la pequeña necesitó cirugía para que le cerraran el hueco que tenía en la nuca, Ángela de un día de nacida se recuperó estupendamente. La noche siguiente, a María la despertó a las tres de la mañana los cantos que había en su habitación. Pensó que era su imaginación o los efectos de la cesárea, pero María despertó a su esposo y él también escuchó a los ángeles. Vio a tres parados frente a la cama. Los ángeles cantaron la canción "Cantemos a María" en español. Después del llanto de su hija al nacer, éste era el sonido más bello que María jamás haya oído.

Hoy, Ángela es una hermosa niña de 4 años, y María sabe que el Cielo mandó a su hija para que la ayudara a crecer espiritualmente y a conectarse con Dios y con los ángeles. María dice: "Veo cómo Ángela llama sus ángeles y les sonríe cuando los ve. Es una bella hija de Dios".

Se dice que orar es hablar con el Cielo, y meditar es escucharlo. Nuestro equipo de ángeles está constantemente al pendiente de nuestras oraciones. Cuando "rezamos sin parar" y nos comunicamos con nuestros ángeles (a través del pensamiento o en voz alta), trabajamos con ellos como un equipo deportivo bien organizado. Juntos, en perfecta armonía con nuestros ángeles, sanamos nuestra salud y manifestamos nuestras necesidades.

CAPÍTULO 18

Ángeles de luz y amor

Para darle amor y luz a una situación sólo tienes que invocar a los ángeles; cualquier persona puede llamarlos, no es necesario que pertenezcas a cierta religión o te "ganes" el derecho para hacerlo. La asistencia angelical es el derecho y el privilegio Divinos de todos. Los ángeles son un regalo del Creador, por lo tanto tenemos que demostrar nuestra gratitud a Dios disfrutándolo.

Puedes llamar a los ángeles haciendo lo siguiente:

- Pensar: ¡Ángeles, por favor, ayúdenme!
- Contarle mentalmente tus problemas a los ángeles.
- Pedirle a Dios que te mande ángeles.
- Visualizar que tú, tus seres queridos o una situación determinada, están rodeados de ángeles.
- Hacer tu petición a Dios o a los ángeles en voz alta.

- Escribir una carta a los ángeles.
- Cantar tu petición.
- Usar las cartas del oráculo de ángeles.
- Encender velas.

Lo importante no es cómo contactes a los ángeles, sino que lo hagas. Recuerda que el Creador y los ángeles no pueden intervenir en tu vida sin permiso tuyo; la única excepción es cuando corres peligro antes de que llegue la hora de tu partida.

Los ángeles son extensiones y mensajeros de Dios, así que si le pides a ellos directamente o le rezas al Creador, los resultados son los mismos. Imagina que los ángeles son carteros Divinos que te entregan los mensajes de luz y de amor que te manda el Creador.

Los ángeles iluminan nuestra mente y nuestro corazón con una enorme infusión de luz; nos ayudan a descubrir la verdad Divina de las situaciones a través de la niebla de la ilusión. Nos recuerdan que, a pesar de que parezca lo contrario, al final toda está bien.

A veces, el fuerte amor incondicional de los ángeles es suficiente para producir una sanación inmediata, como lo demuestra la siguiente historia.

> A Sandra Clark, de Queensland, Australia, le detectaron cálculos renales y le programaron una cirugía para extraérselos, noticia que le provocó molestia. Kerrie Field, amiga de Sandra que hace sanaciones con energía, ofreció darle una sesión. Cuando Sandra estaba acostada en la mesa de masajes, Kerrie llamó a los ángeles para que la asistieran; en su ojo mental, vio que la habitación estaba llena de ángeles. Kerrie dice: "Debieron ser ángeles 'risueños' porque Sandra y yo nos doblábamos de la risa y no podíamos ni respirar. Hacía mucho tiempo que no nos reíamos así, y por lo general nos reímos mucho".

Días después, cuando operaron a Sandra, no había señal de las piedras en los riñones. Los médicos se impresionaron, pues los cálculos eran grandes y su evacuación le hubiera causando mucho dolor y sangrado; le preguntaron cuánto le dolió haberlos expulsado.

Sandra respondió que nada, pero los médicos dijeron que algo debió sentir porque los cálculos eran tan grandes, que hubiera sido como intentar pasar una sandía por el ojo de una aguja. Sandra y Kerrie dicen que los ángeles extrajeron las piedras sin dolor e hicieron que Sandra jamás haya vuelto a padecer de cálculos desde ese día.

LOS ÁNGELES SANAN OBJETOS INANIMADOS Y FINANZAS

La medicina de ángeles no se limita a sanar nada más el cuerpo físico, el Universo entero está compuesto de luz y amor, así que todo puede sanarse. Tengo muchos recuerdos de mi infancia en los que mi madre rezaba para que se arreglara un aparato electrodoméstico o el auto de la familia, pues no teníamos dinero para llevarlos a reparar. ¡Sus oraciones eran respondidas muy rápido!

La siguiente historia es un bello ejemplo de cómo los ángeles nos ayudan en todo.

Annette Hinton sabe usar la computadora, pero no se considera experta en programación, ni en cuestiones técnicas, ni tampoco en resolver crisis, así que se aterró cuando su jefe le dio su Palm Pilot y le pidió que llamara al área de soporte técnico. Le explicó que la Palm no estaba sincronizada con su computadora de escritorio y que el experto en computadoras de la empresa no pudo resolver el problema. Como el jefe tenía que ir a una reunión todo el día, esperaba que Annette resolviera el problema.

Habló con cinco diferentes técnicos de soporte, que le indicaron qué procedimiento seguir, pero sin éxito. La Palm estaba muerta y no se logró nada cambiándole las pilas. Todos los técnicos le dijeron a Annette que la computadora estaba descompuesta y que había que mandarla reparar o pedir que la cambiaran.

Pero el jefe de Anette le había pedido que arreglara la Palm y ella estaba decidida a hacerlo. Entonces, recordó que podía pedirle ayuda a los ángeles; después de todo, ya antes la habían asistido con éxito.

Tenía las manos recargadas en el teclado cuando estaba hablando con los ángeles. De repente, sus dedos empezaron a oprimir las teclas y la pantalla de la computadora reaccionó. Annette no sabía qué pasaba, pero cuando las palabras "Continuar: Sí o No" aparecieron, ella apretó "Sí" y esperó que sucediera lo mejor. Luego de hacer lo mismo varias veces, las palabras "Sincronización completa" aparecieron en la pantalla.

¡Impresionante! ¡Los ángeles respondieron a la petición de Annette! Dice que no había otra explicación para que funcionara la computadora porque no tenía idea de qué estaba haciendo. Cuando su jefe regresó, insistió en saber cómo había arreglado la computadora, así que Annette le dijo que había llamado a sus ángeles. Aunque no le creyó, la computadora funcionó durante meses sin ningún problema.

Los ángeles dicen que nada debe preocuparnos, ni los objetos materiales ni nuestra economía. Como escribí al principio de este libro, los ángeles están aquí para darnos paz. Es cierto que el sufrimiento nos hace crecer, pero también la paz. Por eso, cuando les pedimos que nos ayuden con problemas que tienen que ver con las finanzas, les da mucho gusto asistirnos.

> Jacky Dalton vivió un milagro cuando le pidió a los ángeles que ayudaran a su hija para que se recuperara de una depresión crónica, y se alivió. Después de eso, la fe de Jacky en los ángeles se fortaleció. Así que cuando ella y su familia necesitaban dinero para la Navidad, estaba segura de que los ángeles vendrían en su auxilio.
>
> Un lunes en particular, Jacky pidió a los ángeles que le dieran dinero suficiente para cubrir los gastos de su negocio y de la Navidad sin problemas. Al día siguiente, su esposo retiró dinero de un cajero automático y el recibo indicaba que en la cuenta había un saldo de más de $4,000. Jacky y su esposo supusieron que se trataba de un error del banco; aunque pensó que si el saldo era correcto, definitivamente se lo debía a los ángeles.
>
> Jacky y su esposo comprobaron que el banco les había hecho un depósito de $3,200 en su cuenta el lunes en la noche, justo después de que Jacky rezó a los ángeles. Era el pago de una prestación que no sabían que recibirían.
>
> Jacky dice: "Es una pena que haya mucha gente que no sepa que puede pedirle ayuda a los ángeles, o que se niega a creer en ellos. Estoy muy agradecida y siempre que pregunto a mis ángeles qué puedo hacer para recompensarlos, me dan la misma respuesta: 'Sigue escuchando', y eso es lo que hago".

EL PODER CURATIVO DEL AMOR Y LAS MISIONES

El amor y la pareja llegan a nuestra vida de maneras diferentes. Ése fue el método que los ángeles usaron para sanar el cuerpo, la mente y el corazón de una mujer australiana.

Annette Doyle, de Sydney, Australia, se subió a un taxi y, como muchos pasajeros, no se puso el cinturón de seguridad. Momentos después, un vehículo robado que la policía perseguía, se estrelló con el taxi. Annette recuerda que antes de perder la conciencia rebotó en el asiento como si fuera una muñeca de trapo. A causa del accidente, se le rompieron le costillas y se le fracturaron tres vértebras, por lo que pasó los siguientes catorce meses tomando medicinas, incluyendo morfina, y visitando a varios médicos para que le aliviaran el dolor crónico. Annette se abandonó a la tristeza y se enfermó de depresión clínica, lo que provocó que perdiera el empleo y a muchas de sus amistades. No obstante, un novio nuevo llegó a su vida y le ayudó a pensar positivamente en su salud; la depresión desapareció y guió a Annette para que recibiera ayuda Divina. Comenta que los ángeles le dijeron que estaba en la Tierra para cumplir una misión muy importante, como todos, y que no podía desperdiciar su vida aturdida por la dependencia a la morfina, que era una sanadora y que necesitaba recuperarse para que pudiera ayudar a otras personas. El mensaje le tocó las fibras más sensibles del alma y le dio a Annette el valor para desprenderse de los medicamentos para el dolor. Annette dice: "Me da mucho gusto informar que ya casi no tengo dolor físico ni emocional, me siento fuerte y contenta. Nunca olvidaré esa lunes en la mañana que recibí los maravillosos mensajes de mis ángeles, los cuales me recordaron qué elegí hacer en esta vida, y me ayudaron a sanar mi cuerpo para cumplir con mi misión. Sané para poder curar a otros; también sé que mi disposición para recibir el mensaje permitió que tuviera lugar la sanación. Me siento muy honrada y bendecida, siempre considerаré esta experiencia como prueba de que se puede. En mi caso, pudo lograrse incluso cuando no lo pedí de manera consciente. Después de todo, ¿no es parte del trabajo de los ángeles evitar que nos salgamos del camino?"

Annette tiene un nuevo empleo en una compañía donde la mayoría de los empleados tiene en su escritorio cartas del oráculo de ángeles. También trabaja medio tiempo para el conferencista motivacional Anthony Robbins. Annette dice que en su nueva vida da amor, apoyo y mucha motivación, lo que definitivamente es parte de la misión de su vida.

Lo que realmente alivió a Annette fue el sentido del propósito. Todos debemos saber que nuestra vida tiene sentido y que hacemos falta en este mundo. A veces nos da tanto miedo descubrir cuál es nuestro objetivo que nos da amnesia respecto a su existencia. O tememos fracasar en nuestro propósito y evitamos avanzar para cumplirlo.

En el *Manual for Teachers*, que es parte de una colección de tres libros conocida como *Curso de Milagros*, dice que "todas las enfermedades, incluso la muerte, son expresiones físicas de miedo al despertar".

El *Curso de Milagros* dice que nos enfermamos como un mecanismo de demora porque nos da miedo tener éxito o fracasar si trabajamos en la misión de nuestra vida. Ésta es la misma para todos, aunque su forma varía enormemente. Siempre se trata de aprender y enseñar amor a través de nuestras pasiones e intereses naturales. Si retrasamos el deseo de nuestro corazón, entonces posponemos la posibilidad de sentir dolor emocional si fracasamos. También evitamos las presiones emocionales que llegan con el éxito.

No se trata de culpar a la víctima ni de decir que el dolor de la persona es imaginario. El dolor es una experiencia muy real. Es sólo que surge de la premisa irreal de creer que somos víctimas del dolor. Para superarlo hay que asumir una postura positiva de entrega al Poder Superior, creer con firmeza que tendrá lugar la sanación, y concentrarnos en la pregunta: "¿En qué puedo servir?"

Cuando nos concentramos en ayudar a los demás, dejamos de pensar en nosotros. Esto reduce automáticamente la conciencia del dolor, pues la proyectamos hacia la compasión a otros.

DULCES SUEÑOS

Los ángeles nos ayudan diario para que estemos más sanos y más contentos cada día. Esto incluye que nos asistan para tener una buena noche de sueño.

> La vida de Michelle, de Australia, tenía estrés, entre el que se encontraba criar a dos pequeños y activos niños. Exhausta, necesitaba dormir, pero sus hijos la despertaban todas las noches. Por fin, en su desesperación, Michelle pidió ayuda a los ángeles. Recuerda: "Vi que un bello ángel se inclinaba sobre la cama de mi hija. De inmediato volvió a dormirse".

A los ángeles les encanta sanarnos cuando estamos durmiendo porque en ese estado tenemos la mente más abierta.

> Una noche, Rebecca D'Amato, de Manchester, Inglaterra, se fue a la cama llorando y sintiéndose tan desdichada e infeliz, que creía que jamás volvería a sonreír. Le pidió ayuda al arcángel Miguel y se quedó dormida.

A la mañana siguiente, Rebecca se levantó sintiéndose fresca y feliz. Caminaba con un brío que no tenía hacía años. Dice: "Todas las cosas que me provocaban desdicha ya no me parecían importantes. La vida tuvo sentido y me sentí más tranquila, más sabia, más fuerte, más capaz y en control. Incluso logré reírme de mí y de lo que me hizo sentir tan mal".

Puedes llamar a cualquier ángel o arcángel para que venga en sueños y se lleve las angustias emocionales o físicas. Quizá no recuerdes las interacciones del sueño con los ángeles a la mañana siguiente, pero sabrás que te visitaron. Igual que Rebecca verás que te sientes mejor.

SEÑALES DE LOS ÁNGELES

Es agradable recibir una confirmación física de la proximidad de los ángeles cuando los invocamos. Las siguientes tres historias demuestran las diversas formas en las que los ángeles nos avisan que están con nosotros para aumentar nuestra fe y seguridad en su cariñosa presencia.

Brittany Ryan, de nueve años, le pidió a sus ángeles que la visitaran un miércoles en la noche. Al levantarse a la mañana siguiente, encontró una pluma en su pecho. La niña corrió a enseñarles a sus padres, y su madre también creyó que se trataba de la pluma de un ángel. Desde entonces, Brittany ha encontrado dos plumas más.

***

Wendy Luke quería que sus ángeles le dieran una señal clara de su existencia y de que realmente escuchaban sus plegarias. Una noche, se acostó pidiendo una señal clara de sus ángeles. Escuchó que una voz irónica decía: "¿Qué quieres, fuegos artificiales?" Wendy se rió en voz alta y en silencio dijo: "Sí, quiero fuegos artificiales".

Se quedó dormida con una sonrisa y sin saber lo que pasaría. A las tres cuarenta y cinco de la mañana, la despertó un sonido fuerte como de fuegos artificiales. Estaba a punto de darse la vuelta e ignorar el ruido, cuando se dio cuenta que sus ángeles podrían estar mandándole una señal. Cuando Wendy se asomó por la ventana, vio en el cielo las bellas y enormes luces de un petardo. Dirigió la mirada al complejo deportivo que estaba cerca para ver si alguien estaba prendiendo los cohetes allí, pero estaba oscuro y vacío. Entonces despertó a su esposo, quien también vio el espectáculo.

Wendy dice: "Aprendí tres cosas esa noche. La primera, pide y recibirás, la segunda, nuestros ángeles pueden ser muy inteligentes e ingeniosos cuando quieren demostrarnos su amor; y tercera, quienes insisten en creer en las coincidencias, están perdiéndose los milagros".

***

Una noche, Suzanne Vigliotti se sentía deprimida y sola. Sentada frente al televisor, cambiando a los canales, le pidió al arcángel Miguel que le diera una señal de que estaba con ella.

Justo entonces, puso un canal en el un tenor de ópera estaba cantando "En los brazos de un ángel". Suzanne recordó cuánto le gustaba esa canción, se sintió muy segura y tuvo una tranquila noche de sueño.

AYUDAR Y SANAR A OTROS

A veces, rezamos por un ser querido. Esas plegarias son tan poderosas para ellos como para nosotros, suponiendo que la otra persona quiera sanar. En la siguiente historia, descubrirás que una hija tuvo que escuchar con atención los mensajes de los ángeles para que se aliviara su madre.

> Debbie Clarkson había luchado contra el alcoholismo durante gran parte de su vida adulta. Jaimie, su hija de 18 años, recuerda que su madre pasaba meses de juerga bebiendo. Cuando Debbie bebía, se volvía agresiva, hostil y se enfurecía, en contraste cuando estaba sobria, era cariñosa, amable y tranquila. Jaimie piensa que su mamá es un ángel terrestre que recurre al alcohol para olvidarse del propósito de su vida y de sus temores.
>
> Al crecer, Jaimie se sentía confundida y culpable porque no podía detener el alcoholismo de su madre, así que hizo lo único que podía, amarla. De alguna manera, por instinto sabía que el amor era la respuesta. Sin embargo, también estaba desesperada porque la bebida estaba afectando el hígado, los riñones y el corazón de Debbie. Cuando murió el padrastro de Jaimie, pensó que su madre bebería hasta morir de la pena.
>
> Así que rezó para que su mamá sanara. Recibió la respuesta a su oración en forma de consejo, que le dijo a Jaimie: "Sólo afirma que tu madre está curada".
>
> Dice: "¡Y eso hice! Con fe y confianza ciegas me dije con frecuencia: 'Sí, mi mamá está totalmente curada'. ¡Fue lo único que hice! Y el milagro se hizo frente a nuestros ojos. De inmediato, mi madre perdió el impulso de beber. Ahora siente aversión hacia el alcohol. No sólo eso, enfrenta su

pena con honestidad. Ya no está haciéndose daño y ahora está en el camino de un increíble crecimiento espiritual".

La madre de Jaimie ahora reconoce sus dones espirituales, entre los que se encuentra la clarividencia, y le pide a sus ángeles que la ayuden en la vida diaria. Debbie y Jaimie se sorprenden constantemente con la magia pura que los ángeles tejen para ella. Las dos saben que la sanación de Debbie alivió de manera profunda a toda la familia.

Parte de practicar angelomedicina en niños es la oportunidad que nos brinda de enseñar a nuestros hijos cómo trabajar con los ángeles. Por naturaleza, los niños se sienten atraídos a esos seres Divinos y encuentran gran alivio cuando piden ayuda al Cielo.

Stephanie Watkey llevaba a su hijo Oliver, de nueve años, a la escuela. El niño se quejaba de un fuerte dolor en la parte superior del brazo y se estremecía cuando lo levantaba. Oliver no sabía si podría escribir en clase ese día. Durante todo el camino, Stephanie le pidió que guardara silencio, cerrara los ojos y se comunicara directamente con el arcángel Rafael. Le dijo al niño que le pidiera a Rafael que le quitara el dolor para que fuera a la escuela y pudiera escribir y jugar ese día. Oliver lo hizo, y llegaron a la escuela momentos después. Stephanie se dio cuenta que el niño seguía adolorido y le dijo: "Por favor, ten paciencia mientras Rafael trabaja en ti".

Cuando Stephanie recogió a Oliver al final del día de escuela, fue corriendo hacia ella, muy emocionado. El niño exclamó que sólo unos minutos después de haberse bajado del auto esa mañana, con sorpresa se dio cuenta que el brazo ya no le dolía. Sonrió para sí y le dio las gracias a Rafael. Ahora, Stephanie traba con frecuencia con Rafael para ayudar a sus dos hijos. Cuando Bryn, de dos años, tuvo fiebre acompañada de otros síntomas de enfermedad, lo metió a la cama y le dio medicina homeopática. Pero la fiebre seguía subiendo. Desesperada, Stephanie le suplicó al arcángel Rafael que por favor bajara la temperatura de Bryn. ¡Y media hora después de que se despertó, su temperatura era normal! El niño jugó y caminó sin señales de la enfermedad.

¿Puedes trabajar en alguien sin su permiso o consentimiento? Es un tema controversial sin una respuesta correcta. Por un lado, se dice que sanar a alguien sin su permiso es una violación kármica, y es como poner un curita en una arteria rota; en otras palabras, no se alivian situaciones graves. Pero otro punto de vista sugiere que si ves que una persona está ahogándose, saltas para rescatarla aunque no te pida que lo hagas. Los padres y los sanadores toman las decisiones personales solos.

Ron, que vive en Australia, tiene muchos años trabajando con ángeles y sanaciones espirituales. Su esposa comparte sus creencias, pero Steve, su hijo de 25 años, es escéptico.

Steve es miembro de la Fuerza Aérea Real de Australia. Trabajó muy fuerte para ganarse ese puesto en un grupo en el que se le entrenaría para ser oficial de bomberos y rescate, así que estaba devastado cuando se dislocó el codo jugando básquetbol. Los médicos dijeron que era el peor caso que habían visto y que estaría fuera de su cargo durante varios meses.

Steve le dijo a su padre que estaba muy molesto porque no podría iniciar el curso como oficial de bomberos y rescate. Entonces Ron decidió pedir la intervención de los ángeles, sin decirle a su hijo. Sabía que los ángeles sólo darían amor curativo y que no interferirían con el libre albedrío de Steve. Ron visualizó a los ángeles rodeando a Steve y su brazo. Como también practicaba Reiki, envió energía curativa a su hijo.

Dos días después, Steve llamó y dijo: "Papá, no vas a creerlo, pero hace dos días empecé a sentirme mejor del brazo. ¡Los doctores están impresionados!" En muy poco tiempo, Steve regresó a sus rutinas normales de ejercicio y pesas. También se reincorporó a sus obligaciones y terminó el curso; ahora es un orgulloso miembro del servicio de bomberos y rescate.

Ron dice: "Sé que Dios le envió la sanación a través de los ángeles, que siempre me ayudan en mi trabajo".

Cuando invocamos ángeles para otras personas, generalmente recibimos señales, como se mencionaron antes, como prueba de que aparecieron los ángeles. Esta confirmación puede ser una señal física, una intuición, o un sentimiento. Otra validación concreta es cuando la persona por la que hemos orado sana.

En las siguientes dos historias, la mujer que invocó a los ángeles en beneficio de otra persona recibió una impresionante prueba de su llamado. En ambos casos, los individuos para quienes se pidieron los ángeles reportaron haberlos visto... ¡aunque no se les mencionó la invocación angelical!

Bernardette Mercer, de Queensland, Australia, es graduada de mi curso Angelointuitivo. Estaba realizando una sanación angelical a una mujer que había estado padeciendo profundo dolor emocional. La señora estaba acostada bocabajo en la mesa de masajes y Bernardette le puso las manos en la cabeza.

Cerró los ojos y llamó al arcángel Rafael para que ayudara a la mujer. Bernardette dice: "Sentí un cambio en la energía de la habitación, así que abrí los ojos. Allí, parado a los pies de la mesa de masajes estaba un ángel alto, bello, dorado". Rafael puso las manos en los pies de la señora.

Bernardette mentalmente dijo: "Gracias, arcángel Rafael. Es un honor que alguien tan poderoso y grande como tu haya venido a ayudarme".

Escuchó que Rafael respondió: "Hija de Dios, no soy más poderoso que tú".

Bernardette comenta: "Se quedó hasta el final de la sesión. Fue una experiencia profunda y bella que se quedó marcada para siempre en mi memoria".

Al término de la sesión, la mujer dijo que tuvo un sueño hermoso en el que el arcángel Rafael le agarraba los pies y la sanaba; y que el resultado era que se sentía mucho mejor.

***

Podría decirse que Laura V. Phillips, de Houston, Texas, es un ángel terrestre que trabaja como consejera internista en un hospicio donde la gente se interna unos días antes de irse de este plano. Un hombre llamado John con estado avanzado de cáncer ingresó al hospicio, Laura se dio cuenta que era muy amable y educado. John tocó a tal grado el corazón de Laura, que llegó al punto de dedicarle tiempo todos los días, aunque casi siempre estaba inconsciente.

En su cuarto día en el hospital, Laura encontró a John viendo fijamente a los pies de la cama, se veía asustado y estaba transpirando. Le preguntó qué tenía y le contestó: "Allí hay un diablo y tiene fuego en la cola". El hombre se puso una almohada en la cara para protegerse de la horrible visión, mientras Laura le aseguraba que estaba a salvo. Aunque no creía en diablos, *perse*, sabía que nuestros miedos se materializan según nuestras creencias.

Una enfermera entró corriendo a tomarle los signos vitales a John, en silencio Laura llamó al arcángel Miguel y a su equipo de ángeles piadosos para que rodearan a John y lo protegieran de lo que estaba asustándolo. De repente, el enfermo exclamó: "¡Veo ángeles!" El corazón de Laura saltó y lagrimas de alegría le llenaron los ojos, pues John no tenía manera de saber que había invocado a los ángeles.

— ¿Cómo son, John? —le preguntó Laura.

—Hermosos... Hermosos... Hermosos —respondió.

John se durmió en paz; jamás volvió a despertar y al día siguiente se fue de este plano con una expresión maravillosa y tranquila en el rostro.

Invocar a los ángeles es una de las actividades curativas más poderosa y profunda que puede realizarse frente a aparentes enfermedades o lesiones. Aunque no creas o no estés seguro, el acto de llamar a los ángeles produce beneficios inmediatos en los enfermos y en sus seres queridos.

CAPÍTULO 19

En resumen

Es buen tiempo para que recordemos, y regresemos a, los conocimientos antiguos sobre las prácticas naturales de sanación. Luego de siglos de estar lavándonos el cerebro con los mensajes de miedo que nos dieron figuras políticas y religiosas que querían asegurar todo el poder, una vez más estamos recurriendo a nuestras practicas espirituales y de sanación.

La ciencia apoya esa sabiduría antigua con estudios que demuestran los benéficos que producen en la salud el sol, los cristales, la oración, la energía curativa y los colores. Los principales hospitales y centros médicos ahora utilizan "practicas complementarias para el cuidado de la salud", término con el que designan a los sanadores espirituales y de energía. Los médicos usan instrumentos con cristales, UV y tratamientos con base en el color, con poderosos resultados. Por lo general, los doctores recetan ejercicio, cursos de meditación y de reducción de estrés, como parte de su programa de tratamientos. Los sicólogos refieren a sus pacientes con hipnoterapeutas, psíquicos y astrólogos para que complementen su interiorización.

Es un mundo nuevo basado en conocimientos muy antiguos. Estamos recuperando la sabiduría de sanación que usábamos en la Atlántida y quizá desde civilizaciones que existieron antes.

Si este libro desencadenó tus recuerdos de vidas pasadas, en las que recurrías a métodos de sanación, te exhorto a que explores ese reino. Quizá quieras consultar a un regresionista de vidas pasadas o a un hipnoterapeuta certificado, o utilizar audiocintas que te guíen en una regresión a vidas anteriores, como mi programa *Past-Life Regresion with the Angels* o el libro con CD de Brian Weiss *Mirrors of Time*.

Las prácticas de sanación tradicionales funcionan en conjunto con el trabajar con los ángeles y el tratamiento luz y amor. Reza y medita para que recibas consejos adicionales sobre tu salud. Si estás obteniendo mensajes para que mejores tu estilo de vida a través de comida sana, horas de sueño y ejercicio, se trata de una comunicación muy real con los ángeles que merece la pena no interrumpir.

¡Te deseo mucho amor y luz!

PARTE III

Sanación con Medicina de Ángeles

CAPÍTULO 20

Métodos de sanación con Medicina de Ángeles

En este capítulo final conocerás los métodos de sanación que se utilizan en la práctica de la medicina de ángeles. Siéntete libre de añadir o cambiar los pasos, según te lo indique la intuición. Las palabras exactas y las indicaciones que acompañan a cada técnica no son tan importantes como las intenciones. Lo mejor es tener fe y optimismo cuando pongas en práctica los métodos.

LIMPIEZA DE CHAKRAS

Limpiar y equilibrar los chakras nos ayuda a disponer de más energía y de mejor salud. La intención es que todos los chakras crezcan en la misma proporción y se asegure su limpieza por dentro y por fuera; imagina que son como joyas que hay que pulir por dentro y por fuera con cierta frecuencia. Existen muchos métodos para limpiar y equilibrar los chakras, pero a continuación te presento dos técnicas rápidas y eficaces.

Espuma de limpieza profunda

Imagina que viertes a tu cuerpo una jarra de limpiador líquido con espuma blanca a través de la abertura del chakra de la corona, que se localiza en la parte superior de la cabeza. Ve y siente cómo cae la espuma y llega a cada chakra; limpia la mugre, la grasa y los desechos que se encuentran en el interior y el exterior de los chakras. Después pídele al arcángel Rafael que vierta luz verde líquida para enjuagar la espuma y los restos que hayan quedado, hasta que tus chakras rechinen de limpios.

Luz blanca

Ve o siente que un rayo de intensa luz blanca entra por tu cabeza y se expande por todo el cuerpo. Visualiza que la luz blanca primero limpia, pule y agranda el chakra raíz color rojo rubí que está en la base de tu columna vertebral. Después, siente cómo la luz blanca limpia y aumenta el tamaño del chakra color anaranjado intenso que se localiza entre el ombligo y el chakra raíz; luego, la luz limpia e incrementa al chakra amarillo del plexo solar, que está justo atrás del ombligo.

Siente cómo la luz blanca calienta tu pecho y aumenta el tamaño y la transparencia del chakra verde esmeralda del corazón. La luz abre, limpia y agranda al chakra azul de la garganta, en el área de la manzana de Adán. A continuación, la luz despierta, limpia y dilata el chakra azul índigo del tercer ojo, ubicado entre los dos ojos físicos. Luego de eso, la luz blanca abre y limpia los chakras de los oídos, que se encuentran encima de las cejas. Por último, la luz blanca sube y pasa por el chakra morado de la corona, en la parte superior de la cabeza. Ya todos los chakras tienen el mismo tamaño y brillan con luz blanca desde adentro.

CORTE DE CORDONES ETÉREOS

Cuando los apegos que tenemos con una persona o un objeto se basan en el miedo, creamos cadenas espirituales para evitar que nos dejen o que cambien. Dichas cadenas son como tubos que crecen en función de la longitud y la magnitud de la relación. Por eso, los cordones más largos se dirigen hacia los padres, los hermanos y demás personas con quienes hayamos tenido relaciones largas e intensas.

Los cordones son tubos huecos y la energía va y viene entre las personas apegadas. Son ataduras dañinas que se basan en el miedo y producen disfunciones; no tienen nada que ver con el amor ni con la parte sana de la relación. Cortar los cordones no significa abandonar o divorciarse de una persona, sino deshacerse de lo malo que hay en la relación. Los cordones etéreos tampoco están relacionados con el cordón plateado, que es el que une al alma con el cuerpo. El amor y el cordón plateado no pueden dañarse por accidente.

Digamos que tienes un cordón atado a un amigo o familiar que se siente deprimido o necesitado, entonces esa persona comenzará a vaciar tu energía, como la manguera de una bomba de gasolina. Si un cordón etéreo está drenando tu energía, te sentirás cansado sin saber por qué y ninguna cantidad de cafeína, ejercicio o sueño será suficiente para recuperarla. Con firmeza creo que las personas que pierden energía a través de cordones etéreos padecen el síndrome de fatiga crónica. He trabajado con mucha gente que recuperó sus niveles de energía recurriendo al sencillo método de corte de cordones.

Si el individuo al que estás atado etéreamente se enoja, esa energía negativa pasará por los cordones etéreos y llegará justo a tu cuerpo y a tus chakras, lo que da como resultado un dolor físico sin causa aparente y que no responde a tratamientos médicos.

La gente cuya profesión es ayudar a los demás, como maestros, consejeros y sanadores, está atada a sus alumnos y pacientes con muchos cordones. (Y lo mismo sucede con los individuos que siempre ayudan a sus amigos y familiares en desgracia).

Por lo tanto, es importante cortar cordones al finalizar cada sesión de consulta, o cuando sientas dolor físico o letargo sin razón aparente. Los cordones vuelven a crecer si la relación se retoma y el miedo forma parte de ella; aunque son más delgados y entre ellos circula menos energía.

Corte de cordón y el arcángel Miguel

Miguel porta una espada que corta todos los apegos a la negatividad. Nada más piensa: *Arcángel Miguel, te invoco ahora. Por favor, corta los cordones de miedo que se llevan mi energía y mi vitalidad.* Siéntate y guarda silencio mientras hace su trabajo; a través de los cordones cortados, el arcángel enviará energía curativa a ti y a la otra persona.

La gente sensible sentirá cambios en la presión de su cuerpo y del aire cuando Miguel corte los cordones, seguidos de mucha energía y la disminución o desaparición del dolor.

Corte de cordones necios

Miguel corta los cordones sólo si tú estás dispuesto a soltar los resentimientos relacionados con la persona con quien tienes el apego. Si te aferras a la ira y no quieres perdonar, el cordón no se rompe. En ese caso, tendrás que recurrir al método en el que interviene Miguel y repetir las siguientes palabras al mismo tiempo que piensas en la persona: *Estoy dispuesto a cambiar el dolor por la paz. Pido que en este momento la paz sustituya cualquier dolor.*

Corte de cordones específicos

Además de los dos métodos anteriores, sugiero que apliques esta técnica. Piensa en tu madre, padre, hermanos y amores pasados o presentes, con la intención de cortar los cordones de miedo que te unen a ellos. Los cordones creados por esas las relaciones específicas son los que más producen dolor físico.

Espuma Brissy no pegajosa

Cuando estuve en Brisbane (a la que cariñosamente se le llama "Brissy", en Australia), descubrí que los apegos nuevos son como delgados y pegajosos y la espada de Miguel se adhiere a ellos como un cuchillo a una telaraña. Entonces le pedí ayuda al arcángel Rafael y me enseñó este método:

"Ve o siente que el arcángel Rafael se acerca a ti con una lata de espuma limpiadora en las manos, y con ella rocía todo tu cuerpo. Esta espuma, que se parece a los limpiadores que quitan la grasa de los hornos, disuelve de inmediato los cordones que se basan en el miedo y que se adhieren a las relaciones nuevas o cortas. Una vez que la espuma deshace los cordones, Rafael la elimina con una manguera de líquido verde que cura. Ya estás limpio de cordones pequeños y notarás que aumenta tu energía".

Corte de cordones de adicciones

Siéntate y piensa en los comportamientos o situaciones adictivos que quieres eliminar. Tienes que estar seguro que quieres deshacerte de ellos porque este método es muy eficaz. Cuando pongas en práctica esta técnica, los dejarás de golpe o tendrás una última recaída que te hará abandonarlos.

Imagina que las cosas o situaciones adictivas están en tu regazo; siente cómo flotan a un metro de distancia de tu estómago; observa que la maraña de cordones va de tu estómago hacia las adicciones. Los cordones parecen las raíces de un árbol. Mentalmente, pídele al arcángel Rafael que los corte completos; cuando lo haga, fíjate cómo los objetos se alejan de ti.

Rafael rodeará tu estómago con luz verde esmeralda para sanar viejas heridas. Respira hondo, él enviará energía curativa verde a tu cuerpo a través de los cordones cortados. Cuando inhales, la poderosa energía curativa de Rafael llenará, sanará y equilibrará antiguos vacíos o ansiedades. Agradece a Rafael esta sanación.

Corte de cordones a objetos materiales

Una señal inconfundible de que estás etéreamente pegado a un objeto material es que no se vende a ningún precio. He trabajado con mucha gente que tiene cordones adheridos a sus casas o automóviles porque una parte de ellos no quiere deshacerse de esos objetos; por lo tanto, no funciona ni la publicidad ni el precio.

Por lo general, el cordón que nos une a las cosas materiales crece en nuestras plantas de los pies y se adhiere en aquella parte del objeto (o habitación de la casa) a la que estamos más apegados. Si realmente quieres venderlo, pídele al arcángel Miguel que corte los cordones de tus pies y piensa que un artículo mejor lo reemplazará. Sabes que tu generosa "entrega" beneficiará a la siguiente persona que adquiera el objeto.

ASPIRANDO CON EL ARCÁNGEL MIGUEL

Es un método que he mencionado en otros libros, pero vale la pena que lo repita porque es muy eficaz para sanar. Se trata de que tú y el arcángel Miguel aspiren las energías bajas, como basura síquica, miedos y entidades.

Puedes usar esta técnica en ti o en las personas que te den permiso espiritual para sanarlas (pide su autorización en silencio, haciendo contacto mental con su yo superior). Es muy eficaz para calmar la hiperactividad y los cambios de humor, y reducir la agresividad y los antojos producidos por adicciones.

Piensa en el individuo que quieres limpiar (tú o alguien más). Mentalmente, pídele al arcángel Miguel que te acompañe con su grupo de ángeles misericordiosos. Visualiza a Miguel cargando la aspiradora; tú decides qué velocidad quieres, baja, media, alta o muy alta. Ayúdale al arcángel a colocar el tubo de la aspiradora en el chakra de la corona de la persona; aspira su interior, succionando las partes oscuras. Presta atención en el área de la mandíbula y del cerebro.

Baja la aspiradora por la garganta; métela por la cavidad del pecho; localiza los sitios oscuros y ayuda a Miguel a mover el tubo de la aspiradora hacia allá para eliminar la energía baja. Si te encuentras con lugares enrojecidos, que indican dolor físico, con las manos envíales energía de amor. Aspira todos los órganos, incluyendo los ovarios, en una mujer, y la próstata, en el caso de un hombre.

Pasa la aspiradora por la columna vertebral y los brazos, hacia los dedos; asegúrate de limpiar bien la punta de éstos porque a veces allí se oculta la oscuridad. Cuando acabes con la parte superior del cuerpo, sigue con las piernas, las rodillas, las pantorrillas, los tobillos, los pies y los dedos.

Una vez que el cuerpo esté limpio, Miguel apagará la aspiradora. De ésta saldrá un líquido blanco, como si fuera pasta de dientes, y brillará con la intensidad de un diamante; con él cubre al cuerpo para sanar y equilibrar las áreas donde antes había angustia. Agradece al arcángel Miguel y a su grupo de ángeles por esta sanación y limpieza.

DESAPARICIÓN DE MALDICIONES Y DAGAS

Puedes usar este método en ti o en otras personas. Tu espalda no debe estar recargada en nada; inclínate hacia delante o acuéstate de lado o bocabajo.

Pide a los arcángeles Rafael y Miguel que se coloquen a tu alrededor, e inhala y exhala profundamente. A veces, cuando la gente está enojada consigo o con otra persona, envía energía negativa que se incrusta en el interior del cuerpo; en ocasiones, consciente o inconscientemente, nos maldecimos a nosotros o a los demás.

Ten la disposición para deshacerte de la energía negativa y liberar a tu cuerpo de ella. Quita de tu espalda y de otras áreas las dagas, flechas, espadas y demás objetos que te producen dolor. Una vez que esos objetos son retirados, con gran sorpresa podrás descubrir quién te los mandó. A manera de protección, envía a esas personas tu perdón. Continúa desenterrando los objetos de tu cuerpo y deshazte de ellos. Todas las maldiciones se habrán eliminado.

Rafael te cubrirá con un gel líquido curativo color verde que sana de inmediato las antiguas heridas. Mientras sanas, Miguel te protege con un escudo de plástico morado, en él rebotan los ataques que recibes y los transforma en amor para devolvérselo al remitente y sanarlo.

Ya estás limpio y protegido, agradece a Rafael y a Miguel por tu sanación.

ESCUDOS Y PROTECCIÓN PSÍQUICA

Energéticamente es importante que te protejas cuando estés en sitios con energías bajas, como los lugares públicos, o si vas a estar con gente enferma o enojada. Esto es esencial sobre todo para los individuos sensibles que tienden a absorber la energía de los demás.

Para protegerte, sólo imagina, piensa o vete totalmente envuelto en la luz del color que elijas. Puedes hacer lo mismo con otras personas y con los objetos, como tu casa y tu vehículo. Los escudos se desvanecen, así que tendrás que renovarlo más o menos cada doce horas.

Estos son algunos de los colores que puedes escoger, dependiendo de la situación:

- **Luz anaranjada:** te protege del crimen o de ataques físicos. Invoca a los ángeles tradicionales para que te cuiden.
- **Luz rosa:** el escudo rosa te protege contra la negatividad. Es útil cuando estás con gente negativa, quejumbrosa o chismosa, pues sólo el amor puede traspasar un escudo de este color.
- **Luz verde:** es un escudo físico de sanación. Úsalo cuando alguien esté herido o enfermo.
- **Luz morada:** es protección síquica. Te cuida de ataques síquicos y de entidades.
- **Esfera de cristal:** cuando te sientas vulnerable, o cuando tus chakras estén abiertos y limpios y vayas a entrar a un lugar donde la energía es densa (como grupos de gente desconocida o una reunión de negocios intensa, por ejemplo), siente que estás dentro de una esfera de cristal; la energía negativa rebota y se aleja de la esfera.
- **Escudo de plomo:** es el mejor contra la negatividad cuando veas venir un enfrentamiento, o te sientas demasiado vulnerable o abierto. Ve o sien-

te que estás rodeado de una capa ligera de plomo y nada lo penetra.

- **Escudo triple:** elige tres o más colores y colócalos encima de ti, uno sobre el otro, para protegerte totalmente.

ELIMINACIÓN DE ENTIDADES Y ESPÍRITUS QUE ESTÁN EN LA TIERRA

A veces, las personas sensibles sin saberlo levantan espíritus que se pegan. No se trata de una posesión porque la entidad no toma el control de ti ni de tu cuerpo; sin embargo, el espíritu interfiere con tu salud y tu felicidad.

Los pensamientos de miedo se transforman en entes; éstas son productos del ego, del desamor, y no existen en realidad. Sin embargo, vivimos en una época de mucho miedo y las entidades se nos pueden pegar.

Los espíritus que están en la Tierra son seres humanos difuntos que no han seguido la luz hacia la otra vida. La mayoría no sabe que está muerta y se queda en la Tierra a causa de las adicciones que tenía cuando murió; por lo general, andan en bares y lugares donde se consumen drogas para asegurar un "viaje" a través de los adictos vivos.

En ocasiones, a los espíritus que están en la Tierra les da miedo ir al más allá por las creencias de que existen las llamas del infierno y la condenación. Otros están tan apegados a sus casas, que simplemente no quieren irse; de allí los fantasmas. Los espíritus que están en la Tierra escuchan a los vivos y no a los ángeles o a los maestros ascendidos, pues piensan que no están muertos.

Las señales de indican que tienes adherido un ente o espíritu son: tener una fuerte adicción, presentar una depresión que no responde a los tratamientos, volverse propenso a los accidentes, incapacidad para concentrarse, y cambios repentinos en el estilo de vida o en la personalidad. Las entidades o espíritus se pegan a cualquier persona y no existe motivo para tenerles miedo, simplemente hay que canalizarlos.

Hay muchas manera de deshacerse de las entidades:

— **Pide ayuda.** Mentalmente o en voz alta, pide a los muertos que amen y se preocupen por los espíritus que están en la Tierra que vengan a ayudarte y que se lleven al espíritu a la luz. Por lo general, el abuelo o la abuela del espíritu responde de inmediato a este llamado y lo guía a la otra vida para que evolucione, sane y crezca.

— **Llama al arcángel Miguel.** Pide al arcángel Miguel que aleje a entes y espíritus de ti, de tus seres queridos, de tus amigos y de tu casa. Después dile que se quede a tu lado para que actúe como "protector" y no permita que se acerquen a ti, a menos que así deba ser, y que si *están* cerca de ti, vengan de un lugar de amor. Recuerda que Miguel, igual que todos los arcángeles, no tiene restricciones de tiempo ni de espacio y puede estar simultánea e individualmente con quien lo llame.

— **Corta cordones.** Si el espíritu adherido es un ser querido difunto, entonces el vivo tiene cordones atados a él, por eso el ente está aquí. Por ejemplo: una padre difunto, que era abusador y alcohólico, aún no se ha ido a la luz y sigue adherido a su hija. Quizá lo que sucede es que quiere disculparse por su comportamiento, sin embargo no puede hacerlo porque no está sanado; inconscientemente, su presencia la deprime. En esos casos, hay que llamar al arcángel Miguel para que corte los cordones que los unen y al mismo tiempo libere la ira, o deseo de venganza, que tiene contra el espíritu.

— **Jala y extrae a las entidades.** Este método se aplica en otras personas. Primero, protégete con una esfera de cristal y pídele a Miguel y a su grupo de ángeles misericordiosos que te acompañen; después, jala al ente del chakra de la corona, como si se tratara de una mascada larga y negra; entrégalo al arcángel Miguel para que lo saque de la habitación. Continúa sacando entidades hasta que la persona esté limpia. A veces cuesta trabajo sacarlas, como si quisieras arrancar una mala hierba de enorme raíz. Límpiate y lávate las manos cuando termines, y protégete con luz morada y con la presencia del arcángel Miguel.

— **Limpia los chakras.** Mi audiocasete y CD que se llama *Chakra Clearing* sirve para eliminar entidades y espíritus; el músico, Randall Leonard, y yo, llamamos al arcángel Miguel, por lo que su energía se invoca por partida doble en la grabación. Mucha gente utiliza el CD como mosquitero y lo deja tocando continuamente en una habitación con energía oscura.

DESTRUCCIÓN DE VOTOS

A veces los votos que tomamos en vidas pasadas nos siguen hasta la actual. Antiguos votos de pobreza provocan problemas económicos; los de celibato generan dificultades de pareja y sexuales; y los de autonegación crean tendencias de autosabotaje. Cuando destruimos los votos, sus efectos negativos se eliminan y quedan sanados.

Así se deshacen los votos:

Guarda silencio y concéntrate, respira hondo. Mental o verbalmente di: "Aquí rompo los votos de pobreza que haya hecho en alguna otra vida; pido que se levanten sus efectos y se pierdan en el tiempo.

"Aquí rompo los votos de celibato que haya hecho en alguna otra vida; pido que se levanten sus efectos y se pierdan en el tiempo.

"Aquí rompo los votos de autonegación que haya hecho en alguna otra vida; pido que se levanten sus efectos y se pierdan en el tiempo".

RODÉATE DE ÁNGELES PARA QUE DUERMAS BIEN

Cuando estés quedándote dormido, mentalmente pide a tus ángeles de la guarda que se coloquen en las puertas y ventanas de tu casa para que te cuiden y te protejan toda la noche. Visualiza que tú, tu casa, tus seres queridos, cualquier preocupación, y el mundo, están rodeados por una capa gruesa de luz blanca que funciona como protección. Después, ve cómo el arcángel Rafael te entrega un cobertor de energía curativa verde, tápate con él y siente que tu cuerpo se relaja por completo. ¡Buenas noches!

TRABAJA CON CRISTALES

Los cristales concentran la energía curativa y son muy útiles para incrementar la luz durante los trabajos de sanación. Los cristales se adquieren en lugares donde venden libros de metafísica, en tiendas de regalos, en muchos centros de yoga, en exposiciones de gemas y minerales y en Internet. Déjate llevar por la intuición para elegir una piedra, según la atracción que sientas hacia su color y cómo te hace sentir cuando la agarras. Colócala en tu tercer ojo y fíjate si sientes un cosquilleo, el cual indicará si está viva y cuánta energía de vida y fuerza tiene; los cristales cansados no dan cosquillas cuando los agarras.

En cuanto puedas, después de comprar tu cristal límpialo para quitarle la energía anterior; la mejor manera de hacerlo es exponiéndolo a la luz directa del sol entre dos y cuatro horas. Algunas personas aconsejan que lo sumerjas en agua con sal; sin embargo, la sal desgasta los cristales.

Cárgalo con la luz de la luna, sobre todo la noche anterior a la luna llena. Aunque las nubes cubran la luna, su energía las traspasa y llega al cristal.

Los cristales son poderosos cuando se usan como joyas, se toman en la mano, se colocan en partes del cuerpo enfermas o heridas, sobre los chakras, o se dejan en algún lugar de la casa. A muchas personas les gusta dormir con los cristales en la mesa de noche o debajo de la cama; mientras que para otras eso resulta muy estimulante y no descansan al dormir.

También puedes poner cristales en la tina para cargar la energía curativa del baño. Si los metes al vaso o a la botella de agua para beber, le dan luz sanadora (claro, con cuidado de no tragártelos).

Muchos libros de la Nueva Era hablan con más detalle de la sanación con cristales y yo escribí uno que se llama *Cristal Therapy*, pero la mejor fuente de información es tu intuición y experiencia. Confía en tu sabiduría interna y disfruta trabajando con los miembros mágicos y vivos del reino mineral.

INTERPRETACIÓN DEL COLOR DEL ÁNGEL

Si no te sientes bien, recuéstate e imagínate recargado en una nube con muchos ángeles a tu alrededor. Siente cómo sus manos acarician tu aura, eliminando los desechos síquicos. Algunos ángeles tienen destellos cristalinos que reflejan colores curativos sobre tu cuerpo. Fíjate qué colores son los que brillan; disfrútalos y absórbelos con el aliento. Permite que te mimen y duérmete un rato.

Después, recuerda qué colores reflejaron los ángeles en tu cuerpo, ya que indican a qué parte de tu vida le falta equilibrio o necesita algo.

- **Blanco:** comunícate con tus ángeles, los terrenales y los celestiales; cuéntales tus preocupaciones y acepta su ayuda y su amor.
- **Morado:** reza, medita y regálate un momento de silencio, lejos del ruido y del resto de la gente. Sería muy benéfico para ti que pasaras unas horas en un lugar bonito al aire libre, escuchando los sonidos de la naturaleza.
- **Violeta:** necesitas que te escuchen y confíen en ti sin que te juzguen.
- **Azul oscuro:** confía en tu intuición y no dejes que te convenzan los argumentos de otras personas.
- **Azul claro:** en este momento tu vida necesita creatividad, echa a andar tus proyectos artísticos o añade belleza a tu ambiente con música o con una obra de arte nueva.
- **Turquesa:** necesitas el apoyo y la ayuda de los demás. Pide auxilio y delega cosas cuando sea requerido.
- **Verde esmeralda:** en este momento necesitas descansar y dormir, así como desintoxicarte y purificarte de los alimentos y la energía que absorbes.
- **Verde claro:** debes ser honesto contigo mismo con respecto a tus verdaderos sentimientos, sin culpas ni miedos.
- **Amarillo:** ten cuidado con una situación en la que está involucrada la escuela o el empleo, pues está afectándote y hay que modificarla de inmediato.
- **Anaranjado:** cuida el ambiente de tu casa para que sea más habitable, sanadora y cómoda.
- **Rosa:** deseas amor, afecto y abrazos.
- **Rojo:** entrega la ira y las preocupaciones al Cielo, porque si las guardas en la mente y en el cuerpo te producen desequilibrios físicos.

La mezcla de colores indica que existen múltiples necesidades e inquietudes que deben solucionarse.

Guía para la selección de los cristales

La siguiente lista es una sugerencia de los cristales que pueden usarse en diferentes situaciones, partes del cuerpo o malestares; coloca el cristal cerca del área afectada.

Abrasiones:	Cornalina
Abundancia, cómo generarla:	Jade; cinabrio; cuarzo de la abundancia
Abuso, sanación de:	Iolita; espinel; cuarzo ahumado
Acidez estomacal:	Fluorita
Acné:	Smithsonita; rodonita; nontronita
Adicciones:	Aventurina; barita; zeolita
Alcoholismo:	Nisonita; taenita; smithsonita
Alergias:	Crisocola; circón
Alumbramiento:	Piedra de luna; rubí; jaspe
Anorexia:	Ágata musgo; cuarzo con incrustaciones de mica; rodocrosita
Ansiedad:	Lapislázuli; cuarzo ahumado; citrina
Apendicitis:	Citrina; cornalina
Apetito, decremento:	Diaboleita; clorita; piedra de luna
Apetito, incremento:	Epidota; unakita
Articulaciones:	Dioptasio; hematites; albita
Artritis:	Cobre; crisocola; cuarzo ahumado tallado
Asma:	Turmalina verde; rodonita; macfalita
Autismo:	Tektita; oro
Bazo:	Jade; apofilita
Boca:	Sodalita; mordenita; melifana
Bronquitis:	Jaspe rojo; pirita; cuarzo rútilo
Bulimia:	Cuarzo con incrustaciones de mica; ocho
Cabello:	Cuarzo; ópalo; malaquita

Calambres:	Celestita; smithsonita; piedra de luna
Cambio, enfrentarse al:	Cuarzo ahumado; turmalina rosa; granate
Cáncer:	Sugilita; rodocrosita; cuarzo rojo
Cigarro:	Amatista Oregon, aventurina; bario
Circulación:	Rubí; citrina; pirita
Clariaudiencia:	Cuarzo fantasma
Clarisensibilidad:	Smithsonita
Clarividencia:	Amatista; azurita; cuarzo transparente
Cólico:	Malaquita; jade
Colon:	Ámbar; malaquita, ágata laguna
Columna vertebral:	Labradorita; magentita; jaspe
Comezón:	Malaquita; azurita; dolomía
Coma:	Moldavita; tanzanita
Concepción:	Granate; crocoita; coral
Corazón:	Dioptasio; peridoto; oro
Corazón herido:	Cuarzo rosa; topacio rosa; malaquita
Depresión:	Azurita; kunzita; topacio
Depresión maniaca:	Lepidolita; kunzita
Deshidratación:	Hancoquita; cuarzo de cascada; cuarzo rojo
Diabetes:	Amatista; jaspe owyhee; malaquita
Dientes:	Fluorita; calcita; howlita
Digestión:	Jaspe rojo, calcita dorada; citrina
Dolor:	Piedra boji; sugilita; malaquita
Dolor de espalda:	Crisocola
Dolor de cabeza:	Ágata azul; sugilita; amatista
Eliminación de entes:	Serpentina; ónix; obsidiana
Embarazo:	Perla; piedra de luna
Endometriosis:	Sílice preciosa; crisocola
Energía, incremento de:	Peridoto; jaspe; ámbar
Enfisema:	Rodonita; crisocola
Epilepsia:	Moldavita; azabache

Espalda:	Calcita azul; topacio dorado; martita
Estómago:	Peridoto; jaspe
Estreñimiento:	Rodocrosita
Estrés:	Azurita/malaquita; piedra boji; turquesa
Fatiga:	Cuarzo ahumado
Fibromialgia:	Aventurina; topacio imperial
Fiebre:	Crisocola; ágata azul
Garganta:	Turquesa; turmalina; ámbar
Garganta irritada:	Angelita; larimar
Genitales:	Granate rojo; obsidiana negra; cuarzo gris
Glándula pineal:	Cuarzo transparente; fluorita octaedro; circón
Glándula pituitaria:	Lapislázuli; fluorita; amatista
Habla:	Turmalina azul; fluorita azul
Hepatitis:	Sugilita; plata
Hígado:	Azurita/malaquita; peridoto; rodocrosita
Hipo:	Coral rojo
Hombros:	Ágata azul
Huesos:	Calcita; howlita; ojo de tigre dorado
Huesos rotos:	Calcita; hematites; dioptasio
Impotencia:	Verdelita; padparadjah; granate
Impresión:	Hematites; piedra de luna
Infección:	Galena; rubí; turquesa
Infertilidad:	Granate; turmalina anaranjada
Inflamación:	Ágata azul; fluorita azul, cuarzo
Insomnio:	Fluorita; lapislázuli; sodalita
Lengua:	Mordenita; whitlockita; sodalita
Lesión / accidente (prevención):	Cornalina amarilla; espinel; kunzita
Leucemia:	Alejandrita; heliotropo
Lupus:	Fantasma rosa
Manos:	Cuarzo traslúcido; oligoclasa; fersmanita
Memoria:	Ágata roja; ámbar; pirita
Menopausia:	Lapislázuli; granate; piedra de luna
Menstruación:	Cuarzo gris; piedra de luna; dolomía

Migraña:	Azabache; turmalina; dioptasio
Mordidas de perro:	Dioptasio; cornalina; amatista;
Músculos:	Calcopirita; apatita; iodirita
Negocio, incremento:	Citrina; cinabrio; cuarzo de manifestación
Nódulos linfáticos:	Ópalo lima; simpsonita; lazulita
Objetivo en la vida:	Cuarzo transparente; luvulita; esmeralda
Oídos:	Ámbar; zafiro; fluorita azul
Ojos, salud de los:	Calcedonia; aguamarina; rodocrosita
Osteoporosis:	Calcita verde
Ovarios:	Periclasa; ojo de tigre; piedra de luna
Páncreas:	Ágata verde musgo; alejandrita; magnetita
Pánico escénico:	Ojo de tigre rojo; piedra de luna; aguamarina
Pecho:	Peridoto; amatista blanca rosada; bravoita
Pesadillas:	Calcedonia; rodonita; amatista
Peso, aumento de:	Epidota; unaquita
Peso, pérdida de:	Labradorita; piedra picasso; serandita
Picaduras de insectos:	Lazulita; monazita
Piel:	Azurita/malaquita; conicalcita; circón
Piernas:	Dravita; jade; heliotropo
Pies:	Azabache; aguamarina; ónix
Preocupaciones:	Cuarzo anaranjado; calcita anaranjada
Presión arterial:	Dioptasio; heliotropo; turquesa
Problemas cardiovasculares:	Eastonita
Problemas de dinero:	Jade; cinabrio; citrina
Próstata:	Aurora boreal; osarizawaita; tetraedrita
Pulmones:	Crisocola; dioptasio; galena
Quemaduras:	Ágata iris; sodalita
Resfriados:	Fluorita transparente o morada; jamesonita
Respiración:	Ámbar; berilo rosa
Riñones:	Calcita miel; cornalina; jade

Sangrado de nariz:	Hematites
Sangre:	Heliotropo; cornalina; hematites
Sarpullido:	Asfalto
Seguridad, aumento de:	Amazonita; aventurina; oro
Sentido del oído:	Sodalita; zafiro; lapislázuli
Sida:	Diásporo; petalita; dioptasio
Síndrome premenstrual:	Piedra de luna; hematites
Sinusitis:	Sílica gema; fluorita; piedra eliat
Sistema inmunológico:	Malaquita; cuarzo azul; lepidolita
Sueños, para recordar:	Diamante Herkimer; smithsonita; cuarzo rútilo
Tensión:	Calcita; selenita
Timo:	Aguamarina; cuprita; rodocrosita
Tiroides:	Peridoto; lapislázuli; crisocola
Tonsillitis:	Larimar; calcedonia
Tranquilidad:	Cuarzo rosa; ágata azul; cuarzo transparente
Tristeza profunda:	Obsidiana; lapislázuli; cuarzo rosa
Trompas de Falopio:	Piedra de luna; crisocola
Tumor:	Malaquita; kainita azul
Úlcera estomacal:	Rodocrosita
Úlceras:	Crisocola; ojo de tigre dorado; pirita
Uñas (de las manos y de los pies):	Calcita; perla; ópalo
Vejiga:	Jaspe anaranjado; heliotropo; cornalina
Venas:	Aguamarina; ópalo; jaspe piel de víbora
Vesícula biliar:	Malaquita; granate; jaspe
Viaje astral:	Angelita; apofilita; calcita verde
Vías urinarias:	Ámbar; jade; citrina
Vidas pasadas:	Meteorita; amatista; obsidiana
Vista:	Fluorita, esmeralda; rodocrosita

Judith Lukomski y Rachelle Charman crearon esta lista de cristales curativos.

Judith Lukomski comparte felizmente la conexión del Cielo en la Tierra, trabaja con el reino mineral y el reino angelical. Intuitiva desde niña, desarrolló sus dones para ayudar a aquellas personas que están en busca de cambio y crecimiento. Es una maestra superdotada, sanadora y guía espiritual, y escritora.

Judith está titulada como maestra en cristología, terapeuta que trabaja con ángeles, médium e hipnotizadora clínica; además, trabaja como guía de aquellas personas interesadas en la expansión y evolución personal.

***

Rachelle Charman es famosa en toda Australia por su continua investigación y participación en seminarios y talleres en el campo del desarrollo personal. Da cursos sobre sus dos pasiones, ángeles y cristales. Rachelle está al frente del Grupo Angelointuitivo de Australia, donde da apoyo a sus casi 2,000 amigos angelointuitivos titulados.

Ha pasado toda su vida investigando y trabajando con cristales, y tiene experiencia práctica. Los métodos de sanación con cristales que Rachelle ha descubierto la han ayudado, igual que a muchas más personas, a deshacerse de patrones destructivos de adicción y abuso.

EPÍLOGO

Recuerda que eres luz y amor y que tienes capacidades autocurativas extraordinarias. Estas hecho a la imagen y semejanza de Dios y cuentas con la salud perfecta, la abundancia, la sabiduría y la creatividad del Creador; afirma que estás sano, que eres abundante, sabio y creativo. Pide a la luz y al amor que hay en tu interior que crezcan y se expandan.

Disfruta de la luz en, alrededor y dentro de esta tierra; manda con más frecuencia luz a las líneas de luz de la tierra y cúbrela con luz blanca curativa; ve y siente la luz de Dios y de los ángeles. Que la luz caliente tu corazón, tu mente y tu cuerpo.

No tengas miedo de dar y recibir amor; comprende lo adorable que eres en este momento; entiende que mereces el amor más profundo en todas tus relaciones; trátate con cariño y amor.

¡Te mando amor y luz!

Esta obra se terminó de imprimir en septiembre del 2005 en
Litográfica Ingramex, S.A. de C.V.
Centeno 162-1, Col. Granjas Esmeralda
México, D. F.

Certificado No. 02-2082